ORIGINE DES IDÉES

ÉCLAIRÉE

PAR LA SCIENCE DU LANGAGE

PAR

P<small>AUL</small> REGNAUD

PROFESSEUR A L'UNIVERSITÉ DE LYON

PARIS
FÉLIX ALCAN ÉDITEUR
108, BOULEVARD SAINT-GERMAIN, 108

—

1904

L'ORIGINE DES IDÉES
ÉCLAIRÉE
PAR LA SCIENCE DU LANGAGE

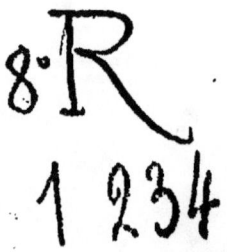

DU MÊME AUTEUR

Origine et Philosophie du langage, ou Principes de linguistique indo-européenne (ouvrage couronné par l'Académie des sciences morales et politiques). 2ᵉ édit. Un vol. in-12. Paris, Fischbacher, 1883...................... 3 50

Principes généraux de linguistique indo-européenne, in-12. Paris, Hachette et Cⁱᵉ, 1889.................... 2 fr.

Les premières Formes de la religion et de la tradition dans l'Inde et la Grèce. Un vol. in-8. Paris, Leroux, 1894.

Éléments de grammaire comparée du grec et du latin. Deux vol. in-8. Paris, A. Colin et Cⁱᵉ, 1895-96.

Précis de logique évolutionniste, l'entendement dans ses rapports avec le langage. Un vol. in-18. Paris, Félix Alcan, 1897.. 2 50

Comment naissent les mythes. Un vol. in-18. Paris, Félix Alcan, 1898.. 2 50

L'ORIGINE DES IDÉES

ÉCLAIRÉE

PAR LA SCIENCE DU LANGAGE

PAR

Paul REGNAUD

PROFESSEUR A L'UNIVERSITÉ DE LYON

PARIS
FÉLIX ALCAN ÉDITEUR
108, BOULEVARD SAINT-GERMAIN, 108

1904

PRÉFACE

La méthode instinctive employée primitivement dans le langage pour dénommer les objets est le reflet des sensations qui l'ont précédée et motivée. Dans le domaine des choses sensibles, ou des objets de perception, toute dénomination est fondée directement à l'origine sur une des principales qualités de l'être auquel il s'agissait de donner un nom : le serpent est le rampant, le cheval le rapide, la terre la sèche, le soleil le brillant, etc. La conséquence de ce procédé est que l'étymologie, quand elle est possible, dégage la raison des dénominations originaires en rendant sensible la manière dont était intimement conçue la chose dénommée.

On voit, sans qu'il soit besoin d'insister, le parti qu'on peut tirer de cette condition essentielle du langage, non seulement pour déterminer les idées qui ont présidé à la signification des vocables primitifs, mais aussi pour établir par là même la genèse de ces idées. Avec une semblable méthode, rien d'ailleurs à craindre de l'esprit de système ; les indications qu'elle fournit ont d'autant plus d'authenticité et d'impartialité qu'elles sont comme la photographie du concept initial sur lequel repose l'évolution ultérieure des idées premières. C'est de la psychologie à la fois rétrospective et introspective qui ne saurait nous tromper, et à laquelle doit céder le pas tout ce qui ne serait que spéculation pure, ou simple constatation des données actuelles du langage (insuffisantes à elles seules pour nous renseigner complètement et exactement sur celles d'autrefois.)

Aussi bien, sous cette forme, la tentative est neuve ou à peu près, et c'est ce qui m'enhardit à reprendre très sommairement après tant d'autres cette esquisse de l'étude d'une question où, pour les raisons qui viennent d'être indiquées, les investigations des linguistes peuvent servir de préface utile, sinon nécessaire, aux conclusions *des psychologues. Qui de ceux-ci pourraient songer d'ailleurs à nous écarter comme profanes après cette déclaration si autorisée de M. Th. Ribot*[1]*?*

« Je ne puis m'empêcher de regretter que la psychologie linguistique attire si peu de gens, et que beaucoup de récents traités de psychologie, excellents par ailleurs, ne consacrent pas même une ligne au langage. Pourtant, cette étude, surtout comparative, des formes les plus infimes aux plus raffinées, en apprendrait sur le mécanisme de l'intelligence au moins autant que d'autres procédés fort réputés... Il est impossible de croire que celui qui, armé d'une suffisante instruction linguistique, se consacrerait à cette tâche, dépenserait sa peine en vain. »

J'ajouterai à ces judicieuses remarques qui font appel, je crois pouvoir le dire, à des ouvrages dans le genre de celui-ci, qu'elles sont surtout à approuver en ce qu'elles réclament les recherches de travailleurs « armés d'une suffisante instruction linguistique ». *On en voit*

---

[1] Dans sa magistrale étude, sur l'Evolution des idées générales, p. 98. — De son côté, l'ouvrage considérable de M. Wundt (Völkerpsychologie. Die Sprache, 2 vol. — 1900) est de nature à montrer combien les logiciens ont encore besoin du concours des linguistes pour aboutir à une philosophie définitive du langage.

la nécessité par tant de Manuels de philosophie où, faute de dominer le sujet et d'employer une méthode à eux, les auteurs ont recours en matière de linguistique à une sorte d'éclectisme ou de choix arbitraire entre des doctrines différentes; comme si la science du langage, — la vraie, — pouvait ne pas être essentiellement une et ne pas se présenter sous une forme systématique!

Lyon, 15 Novembre 1903.

L'ORIGINE DES IDÉES
ÉCLAIRÉE
PAR LA SCIENCE DU LANGAGE

PREMIÈRE PARTIE

CHAPITRE UNIQUE

Valeur étymologique et logique des principales catégories dénominatives et des idées générales les plus importantes.

I

DÉNOMINATION DE L'OBJET DES NOMS COMMUNS D'ÊTRES ET DE CHOSES (noms concrets)

Cheval = le rapide.
Serpent = le rampant.
Soleil = le brillant.
Terre = la sèche.

Dans tous ces exemples, qui pourraient être multipliés à l'infini, la dénomination consiste à employer le nom de sa qualité permanente la plus en relief à la désignation de l'objet à dénommer. Le procédé revient à ce qu'on appelle en grammaire « employer un adjectif substantivement ». Le nom, en pareil cas, est visiblement d'origine sensible, quoiqu'il ait pour point de départ une qualité, c'est-à-dire une abstraction. Il devient concret par substitution, en ce qui le concerne, de l'idée de la substance[1] entière à celle de l'attribut essentiel considéré comme le principal, ou le plus caractéristique de la substance en question.

1. J'entends par ce mot l'objet même en tant que composé de l'ensemble de ses qualités.

II

DÉNOMINATION DES ACTES (noms d'actions)

Le don = l'acte du donneur.
Le chant = l'acte du chanteur.
La marche = l'acte du marcheur.

Ces actes sont des attributs de celui qui donne, qui chante, qui marche, etc. Le procédé de dénomination pour tous les mots de cette catégorie est donc le même que celui des mots de la catégorie I.

III

Dénomination des êtres et des objets agissants
(noms d'agents)

Chanteur = celui qui manifeste, ou qui peut manifester, l'attribut ou la faculté de chanter.

L'idée de l'acte et celle de l'agent sont visiblement issues de la perception d'un attribut permanent ou intermittent, mais en tous cas sensible, de l'être ou de l'objet à dénommer. Même procédé fondamental que pour les mots de la catégorie I. — Remarquer que les formes des verbes se prêtent à la même explication si l'on tient compte du fait que « je chante » = « moi chanteur ».

IV

DÉNOMINATION DES RAPPORTS RÉCIPROQUES DE LIEU

Ces rapports sont exprimés par les prépositions et leurs dérivés. Or, la plupart des prépositions reposent sur une idée de mouvement, d'éloignement ou de séparation. Exemple : *ab urbe condita*, « à partir de la ville fondée », c'est-à-dire en se séparant, à partir de la fondation de la ville.

Ce cas rentre évidemment dans l'analogie des exemples de la catégorie III (noms d'agents). Le rapport de séparation eu égard à un objet dont le sujet-agent s'éloigne est confirmé d'ailleurs par l'emploi à l'ablatif du mot qui le désigne (ici *urbe*). Le même rapport est exprimé par les mêmes moyens à l'aide des prépositions latines *ex* et *de*. — L'accusatif avec les prépositions *ad, apud, ob, versus* renforce l'idée de mouvement eu égard à un objet dont on s'approche : *ad patres* = en s'approchant des pères »; *ob oculos* = devant les yeux = en s'approchant (en se plaçant devant les yeux). — *Ante*, sens premier « en étant séparé de », d'où « en avant de ». Cf. le dérivé *ānticus* « ce qui est en avant, ancien ». — Les prépositions *in* et *inter* se prêtent à la même explication en tenant compte du concours de l'accusatif qui se construit avec elles : *ire in urbem* « aller (en s'éloignant d'un lieu dont le nom est sous-entendu) dans (primitivement, vers) la ville considérée comme lieu d'arrivée. — *Per, præ, pro, trans* « au delà de, en avant de ». — *Post* « séparément de », d'où « à la suite de, après ». — *Sub* « en s'ajoutant à », « en venant après », « en s'ajoutant au-dessus » ou « au-dessous ». — *Cum* « en avant, en outre, en surplus, de plus, avec »; cf. *contra* « auprès de ». — Etc.

V

DÉNOMINATION DES QUALITÉS SENSIBLES (mots abstraits, c'est-à-dire désignant des qualités qui ne se présentent jamais que groupées sous forme de substance, mais que l'entendement, à la suite de la perception, peut considérer comme isolées).

La *blancheur* = le blanc.
La *pesanteur* = le poids (cette pierre a du poids).
La *froidure* = le froid.

Dans ces exemples et les pareils, le nom abstrait des qualités ne passe pas à la substance, comme *serpent*, etc. (cat. I), mais reste attaché à la qualité; cf. toutefois les cas de transition comme quand on dit « le blanc » pour « le cheval blanc ».

Le rapport intime des noms abstraits avec les adjectifs correspondants est démontré par les dérivations latines comme,

clement-ia auprès de *clemens* = la clémence ou le propre du clément;
patient-ia auprès de *patiens* = la patience ou le propre du patient.

VI

Dénomination des qualités morales

Exemple : *courage*. L'idée qui est à la base de ce mot est d'origine expérimentale, si l'on considère que le courage est primitivement et proprement l'*acte* perceptible de hardiesse résultant de la fermeté du *cœur*. Le *courageux* se dit de celui qui accomplit cet acte, et le *courage* est devenu, avec un sens généralisé, le nom de l'attribut qui le distingue.

Quant aux mots comme le latin *intellectus*, dont le sens étymologique est « ce qui choisit ou distingue (une chose parmi d'autres) », ils ont été, selon toute vraisemblance, employés d'abord en apposition avec *animus* ou les synonymes : *animus intellectus* « l'âme intellect », c'est-à-dire l'âme qui distingue (catégorie des noms d'agents, III), et plus tard, en sous-entendant le premier terme de l'expression, *intellectus* tout court avec le même sens.

VII

Dénomination des facultés intellectuelles

L'âme est étymologiquement le souffle vital ou l'air que les poumons inhalent et exhalent pour entretenir la vie physique (*animus*, *anima*, *spiritus*, πνεῦμα, ψυχή, etc.). A la suite d'une extension qui s'explique sans peine, l'âme a été conçue tout à la fois comme l'aliment de la vie sensitive et celui de la vie intellectuelle; puis, par une hypothèse d'origine spéculative et philosophique, l'idée de l'âme pur esprit s'est substituée à celle de l'âme souffle vital d'essence subtile, mais pourtant matérielle.

VIII

DÉNOMINATION DES MYTHES, tels que le sanscrit *Indra-s* et le grec Ζεύς

Le sens de ces mots résulte d'une erreur d'attribution qui s'est produite au cours de leur développement sémantique. L'un et l'autre signifiaient à l'origine le brûlant ou le brillant et s'appliquaient tout particulièrement au feu sacré allumé par les prêtres, selon les rites de l'époque, chez les peuples d'origine indo-européenne. Mais certaines formules des hymnes qui accompagnaient la célébration de ces rites prêtaient à croire que le *Brûlant* ou le *Brillant* était un être animé et anthropomorphe; d'où la substitution de l'idée de cet être imaginaire à celle de l'objet désigné d'abord par les épithètes en question, et tout le développement mythique qui s'en est suivi.

L'allégorie, qui consiste à animer et à personnifier des entités abstraites comme la Vérité, la Justice, la Fortune, le Temps, etc., diffère de la mythogénie proprement dite en ce qu'en pareil cas, la substitution est volontaire et n'est d'abord qu'un jeu d'esprit sans conséquence, alors que la véritable fiction mythique est une erreur inconsciente dont les effets ont exercé une influence considérable sur l'état mental et social de ceux chez qui elle a pris naissance et de leur postérité[1].

[1]. L'extrême importance de cette catégorie sera mise plus amplement en lumière à l'*Appendice* du présent ouvrage.

IX

Dénomination du temps

La notion du temps nous est fournie par la perception externe (temps objectif) et par la perception interne ou la conscience (temps subjectif).

Le temps-objet est l'impression laissée sur l'esprit en tant que sensitif par le caractère successif (et non simultané) des perceptions émanant d'un même objet. Exemple : tel être ou tel objet vu hier et aujourd'hui. En pareil cas, l'objet de perceptions successives ou intermittentes est dit *durable*, cf. lat. *durus* « ce qui est ferme, solide, immuable, identique (du moins en apparence) à soi-même, » eu égard à deux ou à plusieurs perceptions distinctes. Pour le langage encore, le temps est d'une façon très concrète : le jour (*dies*, radical *di* briller) = la durée de la présence du soleil au-dessus de l'horizon et celle de la clarté qui en est la conséquence ; — la saison chaude, la saison en général considérée comme une mesure du temps, grec ὥρα et lat.

tempus; — l'année considérée comme le temps passé, l'ancien, gr. (σF)ετος, cf. lat. (s)*vetus*, S(v)*aturnus* le Vieillard¹, le temps personnifié. Les spécimens de temps qui sont l'année, la saison, le jour, l'heure, etc., le représentent sous une forme individuelle et pratique : ce sont autant de parties de temps déterminées et considérées comme naturellement fixes, et susceptibles par là de servir de mesure ou de termes de comparaison aux périodes indéterminées du même objet.

Le temps subjectif est la distance que la conscience perçoit entre les limites d'une sensation (actuelle ou remémorée par le souvenir) plus ou moins durable. Exemples : les idées exprimées par les mots « j'ai froid, je n'ai plus froid (perceptions actuelles) » ou « j'ai eu froid, je n'ai plus eu froid (souvenir) ». Dans les deux

---

1. Peut-on dire avec M. Ribot « que le temps a été souvent personnifié et même divinisé dans plusieurs religions », mais que « pareil honneur n'est jamais advenu à l'espace ? » Les divinités imaginées comme colossales supposent des déifications de la grandeur, mode idéalisé de l'espace et de la force. — Dans la mythologie classique, Jupiter *maximus* ou ὕψιστος est le Très-grand, comme Saturne est le Vieillard ou l'Ancien.

cas, l'idée impliquée du temps (que dure ou qu'a duré la sensation de froid) est solidaire de la durée de l'état physique (impression de froid) qui la conditionne ; c'est cette condition qui est durable ou temporelle. La notion de temps en est inséparable et le temps en pareil cas ne saurait être conçu comme *vide*, c'est-à-dire susceptible d'*être* en dehors d'elle ou sans elle.

Le temps abstrait est un genre dont chaque temps en particulier est l'individu ; et le temps ainsi conçu n'est que la synthèse, l'abréviation, pour ainsi dire, ou le groupement sous un seul vocable, de l'ensemble des désignations du temps particulier et réel. Il n'y a pas de temps absolu, pas de temps-étalon, puisque chaque temps particulier a sa mesure et par conséquent son individualité propre. On ne pouvait donc partir de ce temps synthétique, qui n'est qu'un mot, pour déterminer la mesure du temps individuel et réel. Le temps ainsi conçu a fourni cette mesure sous ses formes d'apparence fixe, naturelles d'abord, conventionnelles ensuite, telles que l'année, la saison, le jour, etc. Ce sont ces données approximatives dont les astronomes se servent, en les rendant de plus en plus rigoureuses, pour établir les coordinations temporelles des mouvements des corps célestes qui constituent la cosmographie.

L'apparence du temps comme chose en soi dans l'expression « le temps console les douleurs » et les analogues, ne saurait faire illusion que pour ceux qui ne verraient pas que cette phrase est dite pour « en durant (avec le temps) la douleur s'atténue graduellement », et qu'il ne saurait être question par là d'autre chose que de la durée même *de la douleur*, et non pas d'une durée abstraite quelconque.

Remarques sur les trois modes du temps :

Le présent. — Idée de la durée d'un objet fournie par la perception actuelle = aujourd'hui = le jour qui s'accomplit.

Le passé. — Idée de la durée d'un objet fournie par la mémoire = hier = la durée de la journée qui a précédé celle d'aujourd'hui.

L'avenir. — Hypothèse de la manifestation ultérieure des phénomènes futurs fondée sur l'analogie des conditions dans lesquelles le présent se manifeste eu égard au passé; d'où la probabilité d'une manifestation semblable de l'avenir eu égard au présent, sous l'effet des mêmes causes. Exemple : demain = le jour qui suivra aujourd'hui, comme aujourd'hui a suivi hier.

L'indétermination primitive des modes du temps (passé, présent, avenir) au regard de l'entendement, est indiquée dans le langage, par la signification vague à ce point de vue des parfaits grecs comme οἶδα « je connais » et « je connus », et surtout par celle des noms d'agents comme le sanscrit dātar « donneur » et « qui donnera »; il convient d'en rapprocher les formes dérivées à sens futur comme le lat. dāturus « qui donnera ».

L'évolution de ces rapports s'expliquera si l'on se rend compte que l'idée de « donneur » implique subsidiairement celle des trois modes du temps; le donneur étant celui qui a donné aussi bien que celui qui donne ou qui donnera[1].

Le rapprochement des expressions « voilà un homme qui passe » et « le temps passe » donne l'explication de cette dernière. Le lan-

---

1. Voir ma *Grammaire comparée du grec et du latin*.

gage assimile le temps qui s'écoule, c'est-à-dire la durée des choses qui est limitée et s'approche graduellement de sa fin, à la marche d'un homme qui se dirige vers un but. Cette ressemblance établit dans l'esprit une sorte de confusion d'origine verbale qui anime et personnifie le temps à l'image de l'homme et le transforme en entité fictive. Est-ce un progrès dans l'abstraction? Chose sûre, c'est même un premier pas vers l'illusion mythologique.

X

Dénomination de l'espace. — Lat. *spatium*, au sens propre, « l'étendue », — radical *spat* apparenté à *pand* (pour *spand*) dans (s)*pando*, au sens d' « étendre, s'étendre ».

Les objets (ou les phénomènes) ne sont pas indéfiniment étendus ou continus. Là où s'arrête leur continuité ou leur extension, c'est-à-dire là où ils passent de l'homogénéité à l'hétérogénéité, sont leurs termes ou leurs limites. Les limites d'un objet sont distantes les unes des autres, autrement elles se confondraient et seraient comme si elles n'étaient pas.

L'étendue, perceptible en général, qui sépare les limites d'un objet est l'espace de cet objet. Cet espace en est inaliénable et doit être considéré comme un attribut constant de tout objet ou de tout phénomène sensible. Il est donc autant d'espaces différents qu'il y a d'objets mêmes; ce qui revient à dire que *l'espace* (synthèse) est le genre dont *les espaces* sont les formes individuelles. L'espace se dit aussi abusivement, et d'après les apparences, de l'intervalle, de l'écart ou de la distance qui sépare deux objets. C'est au point de vue de l'idée que semble impliquer cette expression qu'on a pu dire de l'espace (concept) qu'il est « vide, un, homogène, continu, invariable et sans limites, infini ». En réalité, l'espace ne saurait se dire proprement du vide qui sépare deux objets (car ce vide n'est pas), mais bien de l'espace afférent à la matière subtile, air, éther, etc., qui limite, à notre connaissance, tous les objets spacieux ou étendus. Par conséquent, les seules vraies qualifications de l'espace consistent à dire qu'il se présente à nous sous la forme des objets étendus, multiples, pleins, hétérogènes, continus, variables, finis (c'est-à-dire limités individuellement, mais d'apparence infinie si on les considère dans leur ensemble).

Comme tel, l'espace est mesurable, c'est-à-dire comparable à des espaces-types qui servent à établir les rapports spatiaux des différents objets étendus. On peut citer parmi ces espaces-types l'*aune* (gr. ὠλένη, lat. *ulna*) et le *pied* (lat. *pes*), mots dont le sens premier fait voir clairement que c'est à titre d'espaces considérés comme fixes que les objets ainsi dénommés sont devenus les mesures primitives et approximatives de l'étendue (ou des objets étendus) dans tous les sens.

L'application instinctive de l'aune, du pied, etc., à la mesure de l'étendue des objets a suggéré l'idée de la ligne droite, forme de ces mesures considérées comme s'étendant seulement en longueur, et définie, d'après l'expérience, comme étant la plus courte distance qui s'étend d'un lieu à un autre. Cette première convention qui substituait idéalement l'absolu à l'à peu près contenait en germe toute la géométrie qui n'est qu'un développement rationnel de la définition de la ligne droite et du cercle, comme dans un tout autre domaine l'idée abstraite et absolue du Juste ou du Sage est la base de toute la morale du *de Officiis* de Cicéron ou des *Lettres* de Sénèque.

De même que la ligne la plus simple et la mieux appuyée sur une détermination fixe (la plus courte distance d'un point à un autre) a été appliquée à la mesure des longueurs, la combinaison la plus simple de ces lignes, sous

— 21 —

la forme de carré, a fourni une mesure-type pour les surfaces (longueur et largeur), et sous la forme de cube, une autre pour les volumes (longueur, largeur, hauteur)[1].

1. Le groupe des mesures en question est celui dit des trois dimensions de tout objet étendu dans tous les sens; mais il s'agit, répétons-le, des formes les plus simples sous lesquelles les lignes, les plans et les volumes puissent se présenter à la perception. En réalité, les volumes ont autant de dimensions que de surfaces différentes, et l'on peut imaginer un polyèdre régulier quelconque servant de mesure aux polyèdres de même nombre d'angles et remplissant à cet égard le rôle du cube vis-à-vis des objets cubiques ou pouvant être ramenés au cube.

XI

DÉNOMINATION DU NOMBRE. — Du lat. *numerus* pour *gnumer-us*; même origine, quant au radical *gno, gnu*, que (g)*no-men* au sens de « distinguer, connaître ».

Le *nomen* et le *numerus* sont primitivement la distinction, la désignation ou la dénomination d'une chose au moyen d'un signe qui est le mot ou le chiffre. Entre la forme cardinale du nombre (un, deux, trois, etc.) et sa forme ordinale (le un ou unième ; le deux ou le deuxième ; le trois ou le troisième, etc.), cette dernière est la plus ancienne au point de vue logique. Le nom de nombre ordinal tient lieu par convention tacite d'une définition dont il est le signe. Exemple : le deuxième cheval, c'est-à-dire le cheval pourvu de tels ou tels attributs distinctifs et individuels que synthétise ou abrège le mot *deuxième*. Ce mot est la *note* du cheval en question ; elle sert à le désigner et à le reconnaître dans une série d'autres qu'on a classés ou qu'on suppose rangés et classés d'après la même méthode. Le nombre n'est abstrait que conventionnellement : naturellement et pratiquement, sous la forme du cardinal ou de l'ordinal, il désigne toujours un ou plusieurs individus d'un même genre. Quand je dis « cinq », par exemple, je sous-entends toujours la désignation complétive des individus du genre auquel se rapporte le nombre : « cinq (hommes) » « cinq (chevaux), etc. ». Le nombre n'est abstrait que dans le calcul et toujours en vue d'une application concrète : un et un (cheval) font deux (chevaux), etc.

Tout le mécanisme de la numération et du calcul est fondé sur des simplifications et des substitutions verbales dont le but est d'éviter la répétition indéfinie de l'unité. Exemple de simplification : nom de nombre *deux* pour *un + un*, ce qui n'est au fond qu'une convention algébrique d'après laquelle 2 est dit pour $1 + 1$. — Exemple de substitution : formule algébrique de l'addition $a + b = c$.

L'idée de nombre est fondée sur la similitude plus ou moins complète des individus d'un même genre considérés surtout au point de vue de l'identité conventionnelle de leur valeur dynamique, mercantile, etc. L'arithmétique n'est en somme que l'exposé et le développement par des signes particuliers des conséquences de cette convention [1].

On ne saurait trop redire que tout n'est ici que convention et approximation. La nature ne connaît pas les nombres, c'est-à-dire les groupes d'objets identiques sous la forme de pluralité, puisqu'il n'est pas en elle d'objets tout à fait semblables entre eux.

---

1. Exemple de développement arithmétique sous forme de multiplication : Un homme peut porter 100 k^{os}; dix hommes porteront dix fois plus, soit 1000 k^{os}.

XII

Dénomination du genre; gr. γέν-ος, lat. *genus*, — radical *gen* au sens premier probable de « séparer, distinguer[1] ». — Le genre est une *section* ou une *division* d'objets, d'êtres ou de phénomènes considérés comme semblables et constituant un groupe à côté d'autres groupes composés, eux aussi, d'objets, d'êtres ou de phénomènes considérés comme semblables entre eux.

La signification première du mot ESPÈCE (gr. εἶδος[2], lat. *species*) est la même que celle du genre, et l'étymologie de ce mot implique une définition semblable.

Les genres ou les espèces n'existent pas en dehors des objets, supposés semblables, qui les composent. La preuve en est particulièrement fournie par ce fait que ces objets sont susceptibles de changer à la suite de circonstances par-

---

1. Cf. lat. *gens*, section d'individus réunis en famille; d'où l'idée de parenté et de génération.
2. Cf. gr. οἶδα au sens premier de « distinguer, connaître », et le rad. lat. *spec* au même sens.

ticulières. Exemple : les variétés botaniques dont le point de départ est une particularité individuelle que l'on parvient à fixer et qui devient ainsi la caractéristique d'un nouveau genre.

La similitude des différents objets d'un même genre n'est, en effet, qu'approximative. Chacun de ces objets échappe à l'uniformité absolue par quelque côté qui constitue en chaque individu d'un même genre l'amorce plus ou moins latente d'un genre nouveau. Cette diversité des individus dans le même genre s'exprime dans le langage par l'épithète spéciale qui se joint au nom de genre pour désigner l'individu : « le cheval *bai*, etc ».

Les genres semblent délimités entre eux et fixés solidement par la génération qui n'a lieu d'habitude qu'entre individus du même genre. Mais cette règle, loin d'être absolue, est soumise à des exceptions constantes dont les plus habituelles se constatent dans la création des espèces botaniques nouvelles dont il vient d'être question.

XIII

Dénomination de la loi, (règle, raison). — Gr. δίκή, lat. *lex*, « ce qui est dit, prescrit, légitime, régulier »; γνώμη « instruction, ce qui fait connaître, indication, prescription »; λόγος (cf. *lex*), « ce qui indique, dit, prescrit, règle, régularise, raisonne »; *ratio*, « distinction, détermination, règle, raison. »

En dernier ressort, la loi, ou l'expression du mouvement régulier des choses, est l'ordre déterminé dans lequel les phénomènes se développent et se rangent les uns à l'égard des autres. D'une manière générale, un même antécédent (cause) est toujours suivi du même conséquent (effet). Mais cette règle n'est qu'approximative[1], attendu que la nature ne présente jamais dans la succession indéfinie des causes et des effets des termes identiques entre eux. La véritable formule serait de dire que les causes *qui sont à peu près les mêmes* produisent

---

1. Ribot (*Op. cit.*, p. 220): « Nos idées générales ne sont que des approximations. »

des effets *qui sont à peu près les mêmes*. Là gît la raison de la différence qui existe toujours entre le caractère absolu des déductions théoriques et leur application expérimentale, — ce dont la géométrie offre un exemple si évident.

Néanmoins, les lois des phénomènes s'exerçant d'une manière approximativement régulière serrent en général de si près l'absolu qu'elles se sont imprimées comme absolues dans la conscience humaine et qu'elles ont donné naissance par là à l'instinct du rationnel, c'est-à-dire d'une condition générale des choses reposant sur la loi de cause et d'effet. En un mot, nous pouvons *raisonner* inconsciemment et agir en conséquence[1].

De ce qui vient d'être dit découlent les propositions suivantes :

La raison est le sentiment instinctif de la généralité et de la puissance de la loi de cause et d'effet.

La loi de *procession* des phénomènes est fondée sur les mouvements enchaînés qui les dirigent et en vertu desquels le conséquent est

1. Si les lois physiques étaient absolues, il n'y aurait pas de changement dans la nature des choses.

déterminé à cet égard par le précédent, et ainsi de suite à l'infini.

En dernière analyse, la cause est le mouvement ou la force inhérente aux manifestations phénoménales de l'être en voie constante de transformation.

Il est autant de causes différentes qu'il y a de manifestations différentes de la force.

XIV

DÉNOMINATION DU MOUVEMENT ET DE LA FORCE. — Gr. δύναμις « puissance, force (capacité d'agir) ». — Lat. *motus* « mouvement, changement, déplacement. »

Tout ce qui concerne le mouvement ou la force est du domaine des sciences physiques; le logicien peut néanmoins risquer les hypothèses générales suivantes :

Le mouvement ou l'action motrice d'un phénomène est une propriété générale des êtres phénoménaux.

La force est le mouvement en puissance d'un phénomène dont l'action est momentanément contenue par l'antagonisme des forces des phénomènes voisins.

Si tout phénomène a mouvement en acte ou en puissance, tout phénomène a *vie* (sens étymologique « activité » ou « mouvement »). L'idée de vie s'attache toutefois d'une manière spéciale aux organismes (phénomènes complexes) actifs, c'est-à-dire dans lesquels un phénomène dirigeant (âme, atome, monade, molécule organique, etc.) régit un groupe de phénomènes subordonnés, dont il coordonne et solidarise les mouvements ou les forces. Dans l'homme, ce phénomène supérieur et régulateur possède à la fois conscience, volonté[1] et force.

Les forces d'un phénomène vivant semblent en général proportionnelles au nombre des molécules réunies sous la domination de la partie dirigeante de ce phénomène.

La vie s'exerce et dure grâce à la nutrition c'est-à-dire à l'attraction par la monade directrice de molécules extérieures conditionnées pour entrer dans son empire et remplacer les molécules internes qu'elle expulse après que l'exercice les a privées des conditions qui les rendaient propres à concourir à la durée du phénomène vivant.

Il arrive toujours un moment où les forces concurrentes qui assaillent sans cesse les phénomènes organiques vivants l'emportent sur celles

---

1. La volonté est l'exercice de la force par la conscience qui en dispose. Autrement dit, la force peut être mise en mouvement par la volonté consciente.

qui sont au service de la monade directrice. Il se produit alors une dissolution qui doit isoler celle-ci sans qu'il nous soit possible de conjecturer autre chose sur son sort ultérieur que l'invraisemblance de sa déchéance ou d'un retour à l'inconscience de la matière inorganique.

XV

Dénomination de la science. — Lat. *scientia* auprès de *scio* au sens premier de « séparer, distinguer, connaître ».

La science ou la connaissance s'établit par deux opérations successives : 1° Distinction qui se produit dans la conscience individuelle (ou l'intelligence) entre tel ou tel objet, sous l'effet d'une perception ou d'une sensation causée par l'objet perçu (procédé analytique); 2° Classement des objets, ainsi perçus et distingués, d'après leurs ressemblances et leurs différences (procédé synthétique).

La science étant essentiellement distinction et comparaison ne saurait s'appliquer qu'aux objets susceptibles de différences et de rapports avec d'autres objets.

La chose *en soi* n'est donc pas objet de science. Il nous est même impossible de comprendre qu'il en puisse être autrement. C'est dire que l'absolu ou, sous un autre nom le divin, échappe pour nous à toute détermination ou à toute science. Là est le seul domaine véritable de la métaphysique comprise au sens étymologique du mot : le divin, comme on l'entend habituellement, provenant de la mythologie[1] et tous les abstraits qui en diffèrent tels que l'espace, le temps, etc., n'étant que des conséquences de la perception et des états de conscience qui en résultent.

1. Voir l'*Appendice* à la fin de l'ouvrage.

XVI

Dénomination de l'infini. — Gr. ἄπειρον, « ce qu'on ne saurait traverser, ce qui n'a pas d'au-delà »; lat. *infinitum*, « ce qui n'a pas de limite (*finis*) ».

L'infini est la forme de l'absolu au point de vue du temps et de l'espace, aussi ne pouvons-nous en avoir une idée que comme absence du fini; autrement dit, nous ne comprenons pas l'infini en soi, tout à la fois parce qu'il est absolu et que, plongés de toute part dans le fini, nous ne saurions percevoir et comprendre que le fini même.

XVII

DÉNOMINATION DES AXIOMES. — Grec ἀξίωμα « opinion, croyance, idée accréditée, vérité à priori qui n'a pas besoin de démonstration ».

Tous les axiomes résultent de l'expérience. Exemple, — axiome géométrique : la ligne droite est le plus court chemin d'un point à un autre. — La constatation expérimentale en est faite chaque fois qu'on trace une ligne en allant droit devant soi et que l'on se rend compte que cette ligne est toujours plus courte que celle qui s'en écarterait en ayant les mêmes extrémités.

Axiome de mathématique : Le tout égale l'ensemble de ses parties, — tautologie pure puisque, par définition, un tout n'est autre chose que l'ensemble de ses parties. Ce principe ne doit sa fausse apparence d'axiome qu'à la façon dont il est exprimé.

Faux axiome d'arithmétique : Deux et deux font quatre. — Ici aussi l'expression est seule en cause. La formule revient à dire : *deux* ajouté à *deux* se figure par un signe (chiffre) qu'on appelle *quatre*. Quatre est donc une abrévation de 2 + 2, qui pourrait aussi bien (au gré de la convention) s'appeler *cinq* ou *six*, etc.

Il serait facile de montrer que tout le système de la numération et des opérations qui reposent sur elle est fondé sur des conventions et des substitutions verbales du même genre.

XVIII

DÉNOMINATION DE L'ÊTRE. — Gr. ὄν, (lat. *ens*, sanscrit *sat*) « l'apparent, le réel », c'est-à-dire le perceptible ou ce qui impressionne les sens ou la conscience.

Tout ce qui nous entoure agit sur nos sens et par conséquent *est*. Nous ne connaissons et ne pouvons connaître que l'être. Le néant n'étant pas pour nos sens, n'est pas pour l'intelligence. L'être ou l'ensemble des phénomènes est le genre dont chaque phénomène est l'individu. L'être est la synthèse des phénomènes et n'existe pas pour nous en dehors de la matière phénoménale. Les qualités sont les espèces sous lesquelles la matière phénoménale nous est connue, c'est-à-dire présente des distinctions par l'effet des impressions différentielles qu'elle produit sur nos sens. A cet égard, sont sur le même pied, la couleur, la saveur, la forme, la durée, l'étendue, le mouvement, etc., — les qualités de l'être en général, autrement dit les objets des idées générales.

Antinomie des conditions de l'être: l'être est divers ou consiste dans un ensemble de choses hétérogènes, puisqu'il est perçu comme tel; l'être est un, puisque toutes ses manifestations sont relatives, c'est-à-dire ont quelque chose de commun entre elles, ce qui suppose une essence commune.

Cette antinomie peut se résoudre par l'hypothèse d'un état *cryptoménal* ou occulte, qui échappe à la perception et que recouvre l'état expérimental, perceptible, et différencié du phénomène. Comme absolu, le cryptomène se soustrait aux sens qui ne sont faits que pour percevoir le fini. On peut aussi voir en lui l'être supposé homogène caché par le phénomène ou l'hétérogène.

Par là même on pourrait imaginer l'exception au principe de contradiction (une même chose ne saurait être et ne pas être en un même moment et en un même lieu) qui résulterait de l'hypothèse de la relation du cryptomène avec le phénomène.

Nous ne saurions comprendre l'unité de l'être, mais nous pouvons comprendre ainsi pourquoi nous ne la comprenons pas.

Il est intéressant de constater que la philosophie brâhmanique du Védânta repose sur une conception voisine à plusieurs égards de celle de l'univers considéré comme composé de phénomènes apparents, mais irréels, et d'un cryptomène qui est le seul être et tout l'être. L'âme universelle (*âtman*) des védântins est le cryptomène, le *sat* (être) unique qu'enveloppent les manifestations (phénomènes) illusoires du monde des sens.

La conscience individuelle elle-même résulte de cette illusion qui porte à la fois sur l'objectif (objets des sens) et le subjectif (âme individuelle). L'un doit se fondre dans l'autre par l'extase, qui dissipe en même temps la notion trompeuse des choses perçues et la faculté qui les perçoit. A cette notion se substitue celle de l'être unique et réel : le cryptomène devient phénomène et réciproquement. Pour atteindre le même but, les védântins emploient aussi les pratiques ascétiques dont l'effet est d'écarter de plus en plus l'esprit des objets des sens et de le rapprocher de plus en plus par là du détachement absolu qui l'unit à l'âme universelle.

DEUXIÈME PARTIE

CHAPITRE PREMIER

Notes sur les rapports de la logique et du langage

C'est nier l'évidence que de refuser d'admettre les rapports étroits de la logique et de la linguistique.

La logique peut être définie comme étant l'art de représenter par des signes vocaux d'origine naturelle (le cri d'abord, réflexe de la sensation vive) l'état de conscience qui résulte de la perception directe ou indirecte.

On peut dire encore que la logique est l'adaptation instinctive par la race humaine d'un système de signes naturels (les sons du langage) à la pensée collective, déterminée par la sensation directe ou indirecte et unifiée par le sens commun.

Toute perception est une distinction, et par conséquent une abstraction, dont l'objet peut toujours être considéré comme faisant partie d'une série, d'un groupe ou d'un ensemble dont il est séparé momentanément par la perception même. A ce point de vue et en tant que signe d'une perception, toute dénomination verbale est abstraite, et c'est un fait que l'étymologie met en pleine lumière quand elle nous apprend que le serpent est le rampant, le cheval le rapide, etc., c'est-à-dire que les objets ont été désignés primitivement par *une* des qualités qui les distinguent. Généralement en pareil cas la qualité dénominative est celle que désigne le mieux la perception de l'objet à dénommer.

Remarque très juste de M. Ribot (p. 247): « L'abstraction et la généralisation pratiques.... servent à distinguer les qualités des choses par un mot ou un signe quelconque... » Mais ne convient-il pas d'ajouter que le début de l'abstraction est dans la perception même, qui n'est, au regard de la conscience, qu'idée momentanément exclusive, analytique ou abstraite de la chose perçue?

L'esprit va de l'indistinct au distinct : c'est

la marche de la conscience individuelle, comme c'est celle des désignations dénominatives correspondantes.

Le langage est un système d'abstraction dénominative qui, à la suite de la perception dont il dérive et dépend, va sans cesse du plus général au plus particulier. C'est la marche même de la science dont le langage, sous la forme de définitions implicites ou explicites plus ou moins incomplètes (selon que la science l'est elle-même plus ou moins), est l'expression adéquate.

Pour obtenir la connaissance, l'entendement procède par voie d'analyse, c'est-à-dire va de différence en différence. Ainsi s'établit successivement par une analyse de plus en plus intime les notions différentielles de genre ou d'espèce et d'individu.

Toute désignation ou dénomination est une définition abrégée dont le terme principal, (rampant, rapide) tient lieu de l'énumération de toutes les qualités de l'objet désigné ou dénommé. Les termes génériques (le serpent, le cheval) justifient tout particulièrement cette observation ; mais elle ne s'en étend pas moins à la dénomination des objets individuels que spécifie généralement l'adjonction au nom du genre auquel ils appartiennent (serpent, cheval) celle d'une ou de plusieurs qualités qui leur sont propres : le cheval roux, le cheval blond et boiteux, etc. Mais jamais l'énumération de ces qualités, dont le nombre est illimité, n'est complète ; d'où cette conséquence qu'une désignation, même sous la forme d'une définition, est toujours écourtée.

Dans l'économie primitive du langage, l'abstraction n'a pas pour caractère de dénommer les choses qui échappent à la perception, mais bien les choses perçues par l'*une* des qualités qui les distinguent : l'abstraction, en pareils cas, consiste à négliger les autres.

Les seules définitions complètes sont celles que l'esprit considère arbitrairement et conventionnellement comme telles, en faisant abstraction de certains caractères (omis à dessein) des objets définis ou dénommés. Il en est ainsi des définitions géométriques, et par exemple, de celle du cercle défini comme étant une ligne courbe dont tous les points sont également distants d'un point intérieur appelé centre. L'expérience nous faisant voir qu'il n'existe pas dans la nature de cercle qui réponde exactement à cette définition, elle ne saurait s'appliquer à la réalité qu'au moyen d'une restriction consistant à remplacer l'expression « sont également distants », par la formule « sont *à peu près* également distants ». Mais on voit facilement les conséquences qu'aurait cette modification en interdisant tout développement du système géométrique correspondant, lequel n'est possible que si tous les cercles répondent exactement à leur définition conventionnelle, bien que la nature ne présente que des cercles *approximatifs*. Ajoutons que les premiers sont (d'après la définition) *tous semblables les uns aux autres*, tandis que les seconds sont *tous différents les uns des autres*.

Tous les objets particuliers qui se rattachent à un genre défini arbitrairement sont, d'après les termes de la définition de ce genre, *identiques entre eux* et *irréels*. Exemple : toutes les circonférences de cercle. Tous les objets particuliers qui se rattachent à un genre défini d'après nature, ou d'après le sens étymologique de sa dénomination, sont *dissemblables* et *réels*. Exemple : tous les chevaux individuels en tant que marqués de traits particuliers (le cheval roux, le cheval blanc, etc.) s'ajoutant au caractère générique commun (la vitesse, implicitement désignée par le sens étymologique du mot cheval).

D'après ce qui vient d'être dit, toutes les définitions étant, ou bien incomplètes et par conséquent insuffisantes, ou bien complètes, mais seulement conventionnellement et par conséquent irréelles, les raisonnements fondés sur les premières sont toujours défectueux par quelque côté, et ceux qui s'appuient sur les secondes se développent dans l'imaginaire.

Par là s'expliquent les résultats à jamais indécis des disputes humaines et les discussions infinies auxquelles peut prêter un seul et même objet.

Les définitions génériques impliquées par l'étymologie sont essentiellement incomplètes et ne comportent qu'un seul terme qualificatif. Exemples : le serpent est un animal qui rampe; le cheval est un animal qui court.

Rien n'est exactement comme nous le disons. Aussi les sceptiques et les sophistes de l'antiquité avaient-ils beau jeu quand ils partaient des incertitudes et des ambiguïtés du langage pour infirmer toute science.

Les insuffisances du langage s'atténuent progressivement avec les progrès mêmes de nos connaissances.

Le savoir et la langue s'avancent de concert vers une détermination sans cesse plus vraie de la nature des choses. Rien ne saurait mieux le marquer que l'écart de plus en plus grand qui s'établit entre la rhétorique, ou le culte des vieilles formules imprécises et vagues, et la langue de la science dont tous les efforts tendent à serrer toujours de plus près l'expression de la vérité.

Il y a parité entre le procédé conventionnel qui consiste à appeler juste la personne qui pratique *généralement* la justice, et celui qu'on emploie en appelant droite toute ligne qui est *à peu près* le plus court chemin d'un point à un autre. Dans les deux cas, l'approximation est présentée abusivement sous une forme absolue. En réalité, nul n'est tout à fait juste et aucune ligne n'est parfaitement droite.

Les déductions morales fondées sur des définitions absolues correspondent exactement aux déductions géométriques fondées sur des définitions axiomatiques.

La géométrie et la morale abstraites reposent sur des définitions arbitraires et de là leur caractère irréel. Si l'on définissait le Juste celui qui est *ordinairement* juste, on ne pourrait pas en inférer qu'il pratique toujours la justice ; de même que si l'on définit la ligne droite comme était celle qui se rapproche davantage du plus court chemin d'un point à un autre, il sera interdit de tirer de là (pratiquement) que par deux points donnés on ne peut faire passer qu'une ligne droite, etc., attendu qu'il s'agit d'une approximation essentiellement variable qui peut serrer de plus ou moins près l'idéal inaccessible.

La géométrie pratique côtoie l'absolu qui lui sert de règle, sans jamais s'identifier avec lui. Il en est de même dans le domaine des actes moraux ou de la morale pratique : le Juste règle sa conduite sur la justice absolue et abstraite, sans parvenir jamais à la réaliser complètement.

Le langage est le reflet de la perception par l'intermédiaire de l'idée (perception consciente), mais un reflet approximatif et sommaire ; c'en est à la fois l'à peu près et l'abrégé.

Le langage est l'à peu près de la perception et de l'idée, parce que quand je dis « le feu rouge », l'attribut rouge ne correspond à rien de précis ni de strictement défini. Il n'y a pas d'étalon du rouge ; le rouge a des nuances à l'infini. Je ne saurais sortir quelque peu du vague qu'en essayant de préciser la valeur actuelle du mot en disant, par exemple, « rouge clair » ou « rouge cerise, etc. » Mais qui ne voit qu'il n'y a là qu'une circonstance atténuante et que, même avec ces distinctions complémentaires, je ne saurais fournir l'idée exacte de la couleur du feu que j'ai en vue ?

Mais ce n'est pas tout. Les qualités de chaque chose pouvant être considérées comme infinies, ou tout au moins comme aussi nombreuses qu'il y a de modes de l'être, il s'ensuit que la seule énumération des principales est chose peu pratique, — qu'il faut nécessairement se borner et se résigner à être incomplet; ce qui revient à dire qu'on ne saurait fournir par le langage qu'une notion réduite des données de la perception. En un mot, les définitions sont toujours plus ou moins insuffisantes. Elles manquent à la fois, et sans que nous y puissions rien, de précision et de compréhension; elles visent à l'absolu et n'y sauraient atteindre.

Ainsi s'explique que tout ait besoin d'explication et d'interprétation. La langue que nous parlons est à la fois commune et particulière, selon qu'elle reflète davantage le sens commun ou les impressions individuelles. Voilà pourquoi les meilleures descriptions nous laissent tant à deviner et que rien ne dispense des leçons de choses.

Au point de vue purement logique, le pronom démonstratif est l'élément primordial et essentiel du langage.

Les premières distinctions génériques des phénomènes ou des objets sensibles sont fondées sur leurs attributs essentiels et sur l'analyse sous forme de perception qui les a révélées d'abord à l'entendement. Exemples : le feu = le brillant, le serpent = le rampant. Par leur nature intime, les noms communs (noms de genre) sont donc des adjectifs (noms d'attributs) appliqués à la dénomination des objets qu'ils spécifient. Par là, les adjectifs primitifs ont un double emploi : par abstraction ou analyse, ils dénomment les qualités considérées en elles-mêmes et indépendamment de l'objet qualifié : le brillant (du feu, du soleil, etc.); par synthèse, ils dénomment les objets en les identifiant avec leurs qualités maîtresses ou leurs attributs principaux : le feu (au sens étymologique et concret = le brillant).

Si confuse est la notion consciente des choses pour l'esprit humain à son éveil qu'il voit tout comme n'étant qu'un genre, — le genre universel, — auquel correspond l'unique désignation fournie dans toutes les langues par le pronom démonstratif: ὁ « celui-là », τό « cela ».

Dans l'histoire du langage, on peut supposer une période d'indétermination dénominative précédant la période d'analyse ou d'abstraction représentée par les noms primitifs des qualités. Cette période, qui correspond aux obscurités crépusculaires au sein desquelles la conscience s'éveille, est représentée dans le langage par le pronom démonstratif s'appliquant d'abord à l'ensemble des choses perceptibles et à chacune d'elles en particulier (*genus generalissimum*).

Le développement de la détermination dénominative des objets perçus, — c'est-à-dire leur définition, — s'est effectué très vraisemblablement par l'adjonction au pronom (cela) désignant confusément ces objets, l'énonciation de leurs caractères observés. De là le type primitif de la phrase indo-européenne : *ille qui cantor = ille cantat* = « celui-là, lequel (est) chanteur » = « celui-là chante » ou « celui qui chante », — phrase dans laquelle le relatif *qui* n'est que la répétition pléonastique du démonstratif *ille*. Ces exemples sont de nature à montrer l'origine du verbe qui n'était d'abord qu'un état particulier du nom d'agent : *ille qui cantat = ille qui cantor* ou *cantans*. Par là, est montrée également la superfluité de l'analyse dite logique expliquant *canto* par *ego sum cantans*, — *ego cantans* suffisant à l'expression de l'idée à émettre, et les observations qui viennent d'être faites sur la structure de la phrase primitive établissant l'absence et l'inutilité originelles de la copule verbale.

En remplaçant, quand l'accord l'exige, l'association pronominale *ille qui* par son équivalent *hoc quod*, on se rend compte de l'origine de la conjonction de coordination *quod*, ainsi que des corrélations *tum... quum*, etc., et généralement de toutes les conjonctions faisant partie des constructions analogues[1].

Le genre étant désigné par la qualité essentielle et commune à tous les individus qui le composent, cette qualité, la chose va de soi, peut être attribuée à chacun de ces individus. L'homme (genre) étant raisonnable, Pierre, qui est un individu du genre homme, peut être qualifié lui-même de raisonnable. Là se trouvent toute l'explication et toute la justification du

---

1. Voir ma *Grammaire comparée du grec et du latin*.

procédé syllogistique. Le syllogisme n'enseigne rien qui ne soit connu, mais il rappelle un rapport logique qui pourrait être oublié et dont le souvenir est nécessaire.

Le développement de la science a toujours pour base une observation (perception) qui ajoute un nouveau terme à une définition incomplète. Tel n'est pas l'effet du syllogisme, dont le rôle se borne à rapprocher ou à rappeler les termes d'une définition acquise : l'homme étant un animal raisonnable, Pierre, qui est raisonnable, est un homme. Donc, aucune science nouvelle n'émane du raisonnement syllogistique, quelles qu'en soient les formes.

Succession logique et chronologique des principales parties du discours :

1° Pronom démonstratif ou déterminatif (*genus generalissimum*) : ὁ, ὅς, — *is, hic, ille,* — celui-là, cela.

2° Nom générique des objets (nom commun qualificatif) : le serpent (le rampant), le cheval (le rapide).

3° Nom qualificatif (adjectif) : le rampant, le rapide.

4° Nom propre ou individuel : combinaison du nom de genre et du nom de qualité: cheval roux. — Nécessité de cette combinaison : sans elle pas de système de langage pratique, le nombre des individus formant les genres étant censé infini et nécessitant une infinité de termes pour désigner chacun d'eux en particulier à l'aide d'un seul mot.

5° Verbe : *cantat*, forme spéciale du nom d'agent qualificatif *cantor*, ou du participe présent *cantans*.

Le langage, par cela même qu'il reflète les données analytiques fournies par la perception et l'observation, constitue un système de classification dans lequel les noms communs correspondent aux genres et les noms propres aux objets individuels de chaque genre.

Tout se tient dans la nature, et le langage porte l'empreinte de cette condition générale des choses.

— La définition, en tant que s'appliquant au seul défini, n'est exacte qu'à l'égard des choses individuelles. Une définition de genre telle que : « l'homme est un animal raisonnable » ne s'applique pas exclusivement au genre homme, attendu que certains animaux, comme le chien, ont une part de raison.

Toute généralisation s'appuie sur une analyse antérieure qui sépare dans l'individu ce qu'il a de commun avec les individus du même genre de ce qu'il a de propre ou de particulier. Les caractères communs réunis ou généralisés constituent la notion de genre, laquelle n'est qu'une conception abstraite sans individualité ni réalité véritable.

Le temps, l'espace, le genre, etc., dits abstraits, sont des synthèses de l'idée du temps, de l'espace, du genre, etc., concrets. Le temps, etc., dit abstrait est le genre que constitue l'ensemble des temps concrets, à savoir la durée particulière de chaque chose. — Les noms abstraits étant les noms de qualités, on peut dire aussi que l'idée de temps est abstraite en tant que correspondant au nom de la qualité de durée.

Toute mesure, après avoir commencé par être approximative, est devenue absolue en s'appuyant sur une définition arbitraire. On peut en citer pour exemple le pied, mesure de longueur déterminée d'abord par à peu près au égard à l'étendue moyenne du pied de l'homme, mais invariablement fixée plus tard à l'aide d'une détermination conventionnelle.

Toutes les dénominations correspondent directement ou indirectement à des perceptions actuelles ou antérieures, mais toutes les perceptions ne sont pas susceptibles d'être transposées dans le langage sous la forme des dénominations. Telle est l'expression musicale qui correspond à tout un ordre de sentiments dont la genèse et le sens exact nous échappent, et dont le langage habituel ne saurait fournir l'idée. Là est une manière d'être intellectuelle qui tient le milieu entre la conscience et l'inconscience. Le langage implique l'expression des relations bien définies, et c'est ainsi, ce semble, qu'il est le complément nécessaire de la pleine conscience.

CHAPITRE II

Observations critiques sur les théories Kantiennes du temps et de l'espace[1].

« Kant a établi le premier que le temps et l'espace ne sont ni des objets individuels de représentation, ni des idées générales. »

Qu'est-ce qui empêche, en se plaçant à un point de vue différent, de considérer le temps comme l'attribut constant des choses plus ou moins durables, c'est-à-dire de toutes choses, et de voir dans l'idée abstraite de temps une idée générale et qui est aux temps réels et particuliers ce que l'idée du genre cheval, par exemple, est à celle de tous les chevaux, ou ce que l'idée de couleur est à celle de tous les objets colorés? En pareils cas, le concept de temps abstrait, à l'égal de celui du genre cheval et de celui du genre couleur, est une simple éti-

---

[1]. J'emprunte le lumineux exposé de ces théories (parties en petit texte) à l'ouvrage de M. L. Liard intitulé *La science positive et la métaphysique*, p. 214-225.

quette abréviative, ou la synthèse verbale des concepts du même genre.

« Nous ne sentons pas (le temps et l'espace) comme nous sentons les qualités des choses, car toute représentation d'objets étendus et d'événements successifs les implique. »

Les objets ne sont-ils pas, eu égard à la perception, colorés comme ils sont étendus ? D'ailleurs, le temps n'appartient pas aux objets en tant que successifs, mais en tant que durables, et ici aussi on peut dire qu'ils sont durables comme ils sont étendus et colorés.

« Nous n'en formons pas la notion comme nous formons les idées générales, car les idées générales ne sont possibles que par la représentation des parties qui les composent. Si donc le temps et l'espace étaient des idées générales, il faudrait que les idées individuelles qui entrent en leur composition fussent connues avant l'idée générale qui en serait l'unité. »

Pourquoi l'idée concrète et particulière de la durée d'un objet déterminé (d'un jour, par exemple) n'aurait-elle pas précédé l'idée générale, c'est-à-dire indéterminée et synthétique de la durée de tous les jours? De même l'idée générale du coloré n'a pu précéder, à notre avis, celle d'un objet particulier coloré.

« Or, la représentation des parties du temps et de l'espace n'est possible que par celle du temps et de l'espace en général ».

L'expérience indique, ce semble, le contraire. La durée moyenne du jour servant de mesure naturelle de la durée du temps, la longueur moyenne de l'avant-bras (coudée) servant de mesure naturelle de l'étendue sous une dimension, font bien voir qu'on est parti de l'idée particulière du temps-jour et de l'espace-coudée, et non pas d'une idée générale dépourvue de toute base concrète et expérimentale.

« Donnés en fait dans toute représentation actuelle, indispensables à toute représentation possible, le temps et l'espace sont empreints au plus haut degré du signe infaillible qui dénote les lois objectives de la connaissance. — **A rapprocher de cette citation de Kant,** p. 205 : « La nécessité et l'universalité absolues sont donc les marques certaines de toute connaissance à priori, et elles sont même inséparables ; voilà un double signe qui permet de distinguer sûrement une connaissance pure d'une connaissance empirique ».

La couleur est l'attribut constant et par conséquent nécessaire et universel de tout objet au même titre que l'étendue et la durée. La distinction proposée est donc illusoire, à moins de dire que la notion de couleur elle-même n'est pas une connaissance empirique.

———

« Nous ne pouvons en faire abstraction sans anéantir tout objet de pensée, et nous ne pouvons nous représenter aucun objet sans qu'il soit soumis à la double condition du temps et de l'espace ».

Rien ne s'oppose, ce semble, à ce qu'on fasse la même remarque à propos encore de la notion de couleur.

———

« Le temps et l'espace sont donnés en une synthèse indissoluble. »

Oui, en ce sens qu'ils font partie solidaire de toute chose, comme la couleur, la forme, la tangibilité, etc.

« L'espace a trois dimensions ; le temps n'en a pas. »

Ceci ne revient-il pas à dire que l'étendue est un certain attribut des choses et que la durée en est un autre ?

« L'espace porte en lui-même sa représentation et son unité de mesure... Rien de semblable n'a lieu pour le temps. Pour nous le représenter et pour le mesurer, il faut emprunter des symboles à l'espace et au mouvement réunis. »

La durée du jour considérée comme mesure du temps correspond exactement, à ces différents points de vue, à la longueur de l'avant-bras ou à l'aune considérée comme mesure de l'espace ou de l'étendue.

Les mesures artificielles, comme le mètre et l'heure, reposent en dernière analyse sur une étendue et sur une durée expérimentalement perçues et déterminées, en rapport direct avec l'espace et le temps concrets.

« Il est impossible de détacher une portion du temps et de la conserver intacte et invariable, comme type et comme étalon. »

Qu'est-ce donc que l'année (durée d'une révolution de la terre autour du soleil), que le mois (durée d'une révolution de la lune autour de la terre), que le jour (durée de la révolution de la terre sur elle-même)? Ne sont-ce pas des notions expérimentales reposant sur des portions du temps déterminées et pouvant ainsi servir de mesure à la durée en général?

« Objectivement, le temps est un présent aux limites insaisissables ; le passé et l'avenir sont présents par cela seul que nous les pensons... Dans aucun cas, nous ne parcourons le temps régressivement ou nous n'en devançons le cours. Dans l'espace, au contraire, mille voies différentes nous sont ouvertes à partir de tout point. »

Je définis le présent : le résultat de la perception actuelle de la durée, de l'espace, de la couleur, etc., d'un phénomène ou d'un objet ; — le passé : le souvenir qui reste, à la suite d'une perception, de ces mêmes attributs des choses; — l'avenir : la prévision qu'on en a par voie inductive et préalablement à la perception.

« Le temps et l'espace sont continus. Les événements se succèdent, les corps se touchent sans lacunes. »

Le temps, au contraire, considéré comme la durée d'un objet quelconque, est toujours limité ; il en est de même de l'étendue de tout objet étendu (aucun n'étant infini dès l'instant où on ne le suppose pas universel).

« Les corps se touchent sans lacunes. »

Soit ; mais il ne s'ensuit pas que l'étendue d'un corps donné ne fasse qu'une même étendue avec celle d'un autre corps. Ils ont chacun la leur, et l'ensemble de toutes les étendues constitue le genre espace.

« Quoi qu'il se passe en eux, pourrait-on dire, toujours l'un (le temps) coule et toujours l'autre (l'espace) s'étend. »

Ceci ne peut s'appliquer qu'au temps et à l'espace abstraits, c'est-à-dire sans réalité objective.

« Tous deux sont homogènes. Il n'est pas deux événements ni deux objets identiques... Mais le temps et l'espace ne sont pas affectés par cette variété. Une heure est toujours identique à une heure ».

Conventionnellement, oui ; mais réellement et naturellement, non. On vient de nous en dire le pourquoi : « *Il n'est pas deux objets identiques* », et l'heure, en tant que partie du jour (dont la durée est expérimentalement déterminée) est, en dernière analyse, un objet de perception et comme telle légèrement variable.

» Tous deux sont illimités... Si loin que l'imagination recule les limites de nos perceptions actuelles, le temps et l'espace seront toujours au delà. »

Tout ce que nous pouvons affirmer à cet égard, c'est que l'éther qui enveloppe les mondes dure et s'étend indéfiniment. Du moins nos sens n'en ont jamais vu et n'en verront sans doute jamais les limites; dans ces conditions, nous ne saurions que présumer l'étendue et la durée infinies de l'éther qui enveloppe les mondes. N'ayant jamais été témoins de l'anéantissement absolu des éléments d'un objet, nous sentons et raisonnons en conséquence, c'est-à-dire que nous considérons ces éléments comme doués d'une durée indéfinie.

« Si l'on voit dans le temps et l'espace des qualités des choses senties, comme, en fait, les choses ont, au regard des sens, des intervalles, des différences et des limites, le temps et l'espace ne sauraient être continus, homogènes et illimités. »

Mais ils ne le seront pas, en effet, si on les définit comme des qualités des choses senties, et rien n'oblige, ce semble, à les définir autrement.

Même objection eu égard à cette seconde hypothèse :

« Si l'on en fait des idées générales... la différence, la discontinuité et la limitation doivent y être présentes. »

« Continus et illimités, le temps et l'espace reçoivent cependant des limites et par suite des déterminations. La limite du temps est l'instant ; celles de l'espace sont le point, la ligne et la surface. — L'instant est une abstraction... »

Les limites du temps et de l'espace, nous le savons déjà, sont celles des objets durables et étendus; par exemple et naturellement, celles de l'année, du mois, du jour, etc., en ce qui regarde le temps ; et celles de l'aune, du pied, du pouce, etc., en ce qui concerne l'étendue. L'instant n'est qu'une limite conventionnelle et arbitraire, et pour tout dire irréelle.

« Kant, le premier, essaye d'expliquer comment la science est possible, c'est-à-dire comment les objets de l'expérience sont conformes aux principes à priori, et pour cela, il admet que les sensations deviennent objets en revêtant les formes à priori de la sensibilité et de l'entendement. »

Ne faut-il pas voir dans la science la distinction des choses fondée sur la différence des perceptions dont elles sont la cause? La science n'est possible que par ces distinctions mêmes;

Reste, il est vrai, le grand problème de la sensibilité de la conscience; mais saurait-on rien dire à ce propos, si ce n'est que la perception consciente est un attribut du sujet conscient?

CHAPITRE III

Notes sur l'ouvrage de M. de Fréycinet intitulé : De l'Expérience en géométrie [1]

P. xii, préface : — « Les expériences géométriques sont idéalisées et généralisées ; mais ce sont, néanmoins, des expériences ».

Elles sont idéalisées en ce sens qu'elles reposent sur des définitions axiomatiques dont l'objet est idéal, ou ne correspond exactement à aucune réalité. Ceci est le cas, d'ailleurs, de toute définition. Quand je dis : « La pivoine est une fleur rouge, » j'ai en vue un rouge idéal qui n'est qu'hypothétique, synthétique et général, c'est-à-dire pur concept, sans réalité correspondante eu égard au rouge réel de telle fleur ou de tel objet ; absolument comme quand je parle d'une ligne appelée droite, qui est le plus court chemin d'un point à un autre.

Une ligne ainsi qualifiée n'existe que dans

---

1. Gauthier-Villars, éditeur. Paris, 1903.

mon esprit. Aucune des lignes *naturelles* ou réelles ne présente exactement ce caractère. Tous les raisonnements que j'établirai sur cette définition ne sauraient aboutir qu'à des conséquences fictives (ou idéales, ce qui est même chose en pareille matière) tout en côtoyant la vérité.

La géométrie est, à ce point de vue, le développement d'une hypothèse dont la formule suivante peut servir d'exemple : « Si la ligne *AB* était le plus court chemin du point *A* au point *B*, il en résulterait telles et telles conséquences. Notons bien que cette hypothèse, pour être féconde, doit avoir pour base une détermination absolue et par conséquent irréelle, l'absolu étant en dehors du champ de l'expérience. Si, au contraire, on s'en tenait à la réalité en disant que la ligne AB est *à peu près* le plus court chemin d'un point à un autre, on n'en saurait tirer aucune déduction ferme et la géométrie serait écrasée dans l'œuf.

Remarquer que les argumentations morales donnent lieu aux mêmes observations. Le sage idéal des Stoïciens, par exemple, n'a jamais existé ailleurs que dans le *De Officiis* et les

Lettres à Lucilius. Il n'est autre que le développement d'une hypothèse morale, comme la notion de la perpendiculaire est le développement d'une hypothèse géométrique.

P. 3 : — « Les concepts de la géométrie sont suggérés par la vue du monde extérieur... La ligne droite et le plan, qui semblent s'imposer à l'esprit, n'existeraient pas pour nous si nous n'en avions pas, dès l'enfance, rencontré de nombreux spécimens. »

Ceci revient à dire, et très justement, que toute image intellectuelle suppose un objet dont cette image est le reflet conscient.

« Le rôle de notre raison a consisté à épurer les images reçues, à les dépouiller de leurs imperfections de détail et à les rapprocher d'un idéal que nous concevons à cette occasion, mais que par nous-mêmes nous n'aurions pas su trouver. »

La perception nous fournit des images dont l'infinie diversité ne nous permet, en ce qui les regarde, qu'une détermination approximative à l'aide du langage. La raison en écarte les différences pour ranger ces images, ramenées arbitrairement à l'unité, sous un type commun, et par là fixe, conventionnel et idéal, dont le langage établit le classement. La ligne droite n'existe pas dans la nature, mais nous y percevons une infinité de lignes voisines dont la ligne droite idéale est la *synthèse*, et à ce titre, elle ne saurait exister ailleurs que dans notre esprit.

P. 4 : — « L'espace est le contenant de tous les objets que la géométrie considère. »

Expérimentalement, l'espace ou l'étendue n'est autre qu'un des attributs essentiels des objets qui composent pour nous l'univers sensible.

P. 5 : — « Pour le géomètre, l'espace est infini, continu et pénétrable ou perméable ».

Il s'agit plutôt ici des attributs de l'atmosphère ou de l'éther que de ceux de l'espace même considéré abstraction faite des objets étendus. Si nous nous en rapportons aux apparences, c'est l'espace *abstrait*, c'est-à-dire une création de notre esprit, qui serait doué des attributs en question, alors qu'en réalité il appartient à l'atmosphère, ou à l'éther ou à la matière subtile qui s'étend entre les mondes.

Remarquons de plus que l'espace éthéré est pour nous sans limites perceptibles ou imaginables, plutôt que positivement infini, et qu'il est perméable à titre d'élastique.

P. 6 : — « Si au lieu d'être entourés d'une atmosphère transparente, qui d'ordinaire oppose peu de résistance à nos mouvements, nous étions plongés dans un liquide, même homogène et tranquille, nous aurions eu sans doute beaucoup de peine à nous élever à la conception d'un espace absolument vide, de l'espace géométrique. »

L'entourage en question est, en effet, la cause évidente de la confusion que nous sommes portés à faire entre l'espace vide hypothétique et l'atmosphère. A vrai dire, cet espace n'est pas, et c'est l'atmosphère, (etc.), en tant que spacieux, qui nous semble vide.

P. 9 : — « L'étendue est de l'espace fini, mais dont les bornes ne sont pas toujours bien déterminées. C'est l'existence de ces bornes, même mal connues, qui la différencie de l'espace qui, lui, est conçu par nous comme n'en ayant pas. »

La distinction entre l'étendue et l'espace est illusoire. Pouvons-nous nous imaginer l'étendue de l'éther comme ayant des bornes ?

Si le vide absolu existait, comment se représenter la limite qui le séparerait du plein ? En quoi le plein éthéré diffère-t-il pour l'expérience du vide absolu ?

P. 10 : — « La *distance* est l'intervalle plus ou moins grand compris entre des êtres distincts ou entre les parties d'un même être envisagé isolément. »

La distance se ramène facilement à l'espace ou à l'étendue, si l'on considère qu'elle consiste en dernière analyse dans l'étendue de l'objet qui en sépare les limites, comme celle de l'éther entre corps célestes.

P. 13 : — « Le *volume* est la portion d'espace ou l'étendue occupée par un corps. »

Je dirais plutôt que le volume est une étendue, c'est-à-dire un corps étendu, limité de toute part par d'autres corps étendus.

« Pour donner une représentation concrète au *volume*, on peut imaginer que le corps soit remplacé par une enveloppe très mince, qui en reproduit exactement la forme extérieure, et alors le volume serait mesuré par la quantité de liquide que cette enveloppe serait susceptible de contenir ».

Le mot grec κύβος « dé à jouer », indique la forme initiale du volume qui a servi d'étalon pour la mesure des volumes. Cette forme a été choisie d'instinct à l'origine comme étant la plus simple parmi les régulières, c'est-à-dire parmi celles qui étaient susceptibles d'une détermination exacte et fixe.

P. 14 : — « La *surface* est l'enveloppe idéale qui contient le volume... Elle n'a rien de matériel, c'est un *être de raison*. »

De mon côté, je définirais la surface comme étant la limite commune à deux volumes contigus. On peut en former une idée, abstraction faite des volumes dont elle dépend, et c'est ainsi conçue qu'elle devient « un être de raison ».

Si par une nouvelle abstraction, on ne tient compte que d'une des limites de la surface ainsi définie, on aura l'idée de la *ligne*, comme on aura celle du *point* en ne considérant que l'une des deux extrémités de la ligne, sans tenir compte de toutes les autres parties de son développement (de l'étendue qui forme l'intervalle compris entre les deux points extrêmes).

P. 19 : — « Certains auteurs adoptent une méthode différente et même inverse pour rattacher ces diverses notions les unes aux autres. Au lieu de procéder du corps pour déduire le volume, la surface, la ligne et le point, ils procèdent, au contraire, du point conçu *a priori* comme le dernier terme, l'évanouissement d'un objet réel, dont la grosseur a diminué sans cesse ».

Il est probable que ce procédé a été celui de l'expérience courante qui l'a transmis à la science géométrique. Le point (ou la piqûre = *punctum*) a été considéré à l'origine, par l'effet même de la perception et sans spéculation transcendante, comme un trou ou une lacune presque imperceptible et sans dimension définie. L'idée du point-type est le résultat d'une abstraction correspondante, indépendante d'abord de l'idée de ligne. Même explication pour toute idée de ligne dégagée de celle de surface et imaginée d'abord sous la forme d'un tracé creux ou saillant tout en longueur, c'est-à-dire avec absence de toute notion de largeur.

———

P. 22 : — « La nature met sur la voie des types géométriques, mais elle ne les fournit pas dans leur pureté. Elle provoque le travail de la raison, elle lui donne la matière première, mais elle ne saurait suppléer à leur action. »

Sous-entendons que les figures géométriques naturelles étant toutes différentes les unes des autres, aucune ne saurait servir de mesure aux autres, (ou d'élément exact de comparaison), — aucune, sinon celle toute idéale qui serait à la fois voisine d'une nombreuse catégorie de figures réelles, et fixée par une définition qui en fasse un étalon définitif et invariable, comme la ligne droite, plus court chemin d'un point à un autre, ou la circonférence d'un cercle, dont tous les points sont également distants du centre.

Rôle de l'expérience : établissement de catégories dont les facteurs individuels se rapprochent assez de la ligne droite idéale et de la courbe idéale pour être mesurés approximativement par elles.

Rôle de la raison : 1° conception du type idéal de la ligne droite et de la ligne courbe ; 2° déductions géométriques résultant de la définition des types primordiaux et des attributs logiques qu'ils comportent, aboutissant à la notion des perpendiculaires, des propriétés des triangles, etc.

P. 28 : — « Il convient donc que la ligne droite reste dans l'esprit comme l'idéalisation d'un fil très délié, tendu par ses deux extrémités. »

Conformément à l'étymologie (*directum*), la ligne droite est celle dont le parcours et la direction sont tracés par quelqu'un qui marche devant soi sans infléchir ses pas ni à droite ni à gauche. L'expérience montre que la ligne ainsi tracée est le plus court chemin du point de départ au point d'arrivée. Il va de soi que cette ligne est considérée abstraction faite de toute autre dimension que celle de la longueur du tracé ainsi obtenu.

P. 30 : — « Le concept de la ligne courbe s'introduit dans notre esprit à la suite des nombreux spécimens que la nature offre à nos regards »

Définition qui se coordonnera avec celle de la ligne droite, si l'on dit que la ligne courbe (*curvum* = tordu) est celle dont le parcours et la direction sont tracés par quelqu'un qui s'avançant à la rencontre d'un but infléchit çà et là ses pas vers la gauche ou la droite.

P. 32 : — « Le plan est la plus simple des surfaces comme la droite est la plus simple des lignes. »

On ne voit pas en quoi une surface sphéroïdale ou une ligne circulaire seraient moins simples qu'une surface plane ou qu'une ligne droite. Les deux catégories de figures reposent sur des étalons métriques différents et le cercle n'est réductible en polygone qu'en vertu d'une convention qui n'ôte rien de leur valeur de types métriques (mesure des angles, etc.) au cercle et à la sphère.

Observations très justes. P. 36-37 :

« Il n'est pas indispensable, par exemple, de voir un cercle pour le décrire...; mais on en donne une idée très suffisante en disant que c'est « une surface plane entourée par une ligne dont tous les points sont à égale distance d'un point intérieur nommé centre ». La connaissance expérimentale que nous avons acquise du plan, de la droite et de la courbure, nous met à même de concevoir le cercle d'après cette seule description. Il en sera de même de toute autre courbe ou de toute autre surface. Il suffira que la propriété caractéristique ou le mode de génération soit nettement indiqué, de manière à prévenir toute confusion. *Lors donc que nous avançons que l'expérience est nécessaire à la géométrie, nous n'entendons pas qu'elle est nécessaire pour chacun de ses objets en particulier, mais bien qu'elle préside à la formation d'un petit nombre de concepts, desquels on passe ensuite, par voie logique, aux diverses figures géométriques.* »

A propos de l'article ANGLE, p. 37 *seqq*. — La notion expérimentale de l'angle implique une définition du genre de celle-ci : L'angle (*angulus*, *cuneus* = coin) est l'ouverture que forment entre elles les deux parties (droites) d'une ligne brisée (AB et BC), terminée aux mêmes extrémités que celle d'une droite qui irait d'une de ces extrémités à l'autre (AC). L'ouverture, ou l'angle, peut être considérée abstraction faite de la droite AC qui en limite les côtés (angle proprement dit). Mais si l'on en tient compte, l'ensemble du plan limité par la ligne brisée et la ligne droite présentant trois ouvertures ou angles est appelé triangle.

Si l'on prolonge dans le sens opposé à l'angle une des parties de la ligne brisée formatrice de l'angle, et que le nouvel angle ainsi formé ait une ouverture égale à celle du premier de ces angles, la droite CB devenue commune à l'un et à l'autre, est dite perpendiculaire à la ligne droite AB prolongée, soit AD, et chacun des deux angles égaux est dit droit.

P. 54 : — « La manière même dont le cercle et la sphère sont tracés, en vertu de la définition, a pour conséquence que le cercle et la sphère sont partout semblables à eux-mêmes. »

C'est grâce à cette fixité impliquée par la définition que le cercle et la sphère ont pu servir à certains égards d'étalon de mesure, — pour les angles, par exemple.

———

P. 57 : — « On entend par *tangence* la disposition d'après laquelle une ligne droite et une courbe, une surface plane et une surface courbe, ou bien deux courbes ou deux surfaces courbes n'ont entre elles qu'un simple contact, ne se touchent que par un seul point... La droite et la courbe étant deux genres différents, dont l'un exclut l'autre, elles ne peuvent avoir une partie finie commune. »

Il en résulte que la tangence réelle d'une droite et d'une courbe est illusoire ou conventionnelle. L'idée de tangence, en pareil cas, n'est que le résultat d'une pure apparence.

Mêmes observations à propos de l'assertion conventionnelle que les « courbes sont composés d'éléments rectilignes. »

Cf. p. 65 : — « La courbe ne se résout pas réellement en lignes droites, si petites qu'on les imagine; elle est d'une nature autre que la ligne droite et reste toujours différente. Mais l'intervalle qui les sépare peut être atténué indéfiniment.

———

P. 67 : — D'après M. de F., rappelant la tradition géométrique, il y a deux sortes d'*axiomes* ou de « vérités indémontrables par le raisonnement, qui sont continuellement invoquées au cours des démonstrations géométriques »… Les uns sont d'ordre purement logique et n'appartiennent pas en propre à la géométrie ; ils trouvent leur emploi dans toutes les sciences. Telles sont les évidences : « Le tout est plus grand que la partie, etc. »

Si nous prenons comme type de ce genre d'axiomes l'évidence : « Le tout est égal à la somme de ses parties », c'est-à-dire, plus simplement, « le tout *est* la somme des parties (de ce tout) », il est facile de voir que nous sommes en présence d'une définition du « tout » fondée sur la perception directe qui nous fait dire, par exemple, « une somme de dix francs » pour exprimer que les dix francs, ou les parties en question considérées isolément, ne sont autres que la somme ou le tout de ces parties considérées en bloc. L'identité fondamentale des deux expressions visant un seul et même objet (considéré abstraction faite, ou sans abstraction, du nombre) est indiquée d'ailleurs par la tautologie : « Le tout (à savoir, la somme des parties d'un objet divisible) est égal à la somme de ses parties. »

On ne saurait dire de cette catégorie d'axiomes qu'ils sont indémontrables, mais bien qu'ils ne nécessitent pas de démonstration. Ce sont des affirmations, des jugements ou des constatations par le langage d'un fait perceptible ; en un mot, ce sont des définitions du genre de celles que nous exprimons sous une forme succincte en disant « le soleil brille ». Par conséquent, base expérimentale.

P. 68 : — « Les axiomes de la deuxième catégorie, au contraire, sont spéciaux à cette science (la géométrie) et, comme elle, prennent leur source dans l'expérience. »

Nous venons de voir qu'il en est de même des axiomes de la première catégorie.

P. 70 : — « La ligne droite est le plus court chemin d'un point à un autre. — La plus élémentaire expérience met en relief cette propriété. »

Surtout si l'on tient compte du sens étymologique du mot *droit*, et qu'on ait en vue la définition d'après laquelle la ligne droite est celle que l'on trace en allant droit devant soi. L'expérience montre que ce tracé même est le plus court possible entre le point de départ et celui d'arrivée.

P. 83-85 et 90 : — Ce n'est qu'au point de vue de la mesure qu'on peut dire que le plan limité n'a que deux dimensions. Un polygone, en réalité, a autant de dimensions, au sens étymologique du mot, qu'il a de côtés.

P. 79 : — « La ligne droite étant le plus court chemin d'un point à un autre s'offre comme l'expression naturelle de la distance entre ces deux points. »

En effet, la définition qui en fixe l'attribut principal (le plus court chemin d'un point à un autre) en fait une norme à l'exclusion de toute autre que le cercle fixé, lui aussi, par sa définition (tous ses points à égale distance du centre), mais impropre à la mesure de la droite à cause de son caractère particulier.

Ajoutons que la notion de la ligne normale ne suffit pas à son emploi comme mesure; elle ne peut rendre ce service que sous une forme limitée et déterminée, telle que l'aune, le mètre, etc.

On ne mesure l'homogène qu'avec l'homogène (la droite avec la droite), de même qu'on ne mesure l'indéterminé (une droite quelconque) qu'avec l'homogène déterminé (la droite-pied, — aune, — mètre).

P. 109 : — « Il est possible de tracer deux droites qui restent toujours à la même distance. »

Démonstration expérimentale : deux hommes se tenant par la main et marchant directement devant eux traceront deux droites qui seront toujours à la même distance l'une de l'autre. Pour que les deux droites se rapprochent ou s'écartent, il faudrait que l'un des deux marcheurs, ou tous les deux, cessassent d'aller droit devant eux, ce qui est contraire à l'hypothèse.

Quand les deux marcheurs partent de points (C et D) situés sur une même droite (AB), et qu'ils se dirigent sans incliner dans un sens ou dans l'autre eu égard à celle-ci, les deux autres droites ainsi tracées (CX et DY) sont dites perpendiculaires à AB, et l'expérience montre que les angles (ACX, etc.) formés par l'intersection de ces différentes droites sont égaux entre eux[1].

C'est ainsi qu'on peut éviter le postulatum d'Euclide et, au lieu de faire porter sur lui la théorie des parallèles, rattacher cette théorie à la définition expérimentale que deux lignes qui dans un même plan ne se rencontrent jamais, quelque loin qu'on les prolonge, sont dites parallèles entre elles.

---

1. Si l'angle ACX, par exemple, était plus grand ou plus petit que l'angle XCD, le côté CD de celui-ci ne recouvrirait pas le côté AC de celui-là en cas d'un mouvement de la figure qui consisterait à replier le second sur le premier avec la ligne CX comme axe; dans ce cas, la ligne ACD deviendrait une ligne brisée, contrairement à l'hypothèse en vertu de laquelle elle doit être droite.

Les observations qui précèdent auraient pu se prêter à de plus grands développements. Telles qu'elles sont, elles suffiront pourtant au but que j'ai voulu atteindre en montrant que « l'esprit géométrique » est d'accord avec le mécanisme du langage pour établir le caractère abstrait des sciences exactes et la manière dont elles se rattachent à l'expérience, c'est-à-dire au concret et au réel. Pour M. de Freycinet, comme pour l'auteur de cet opuscule, il y a lieu de distinguer entre les êtres de raison et les données directes des sens, mais à la condition d'expliquer ceux-là par celles-ci et de ne pas intervertir les rôles. En mathématique, comme en toute science, nous n'avons au début d'autre moyen de connaître que la perception. Quelles que soient les conséquences philosophiques qui découlent de ce principe, il faut en prendre fermement son parti et s'y conformer, si l'on ne veut pas rester à côté de la vérité et cultiver vainement l'erreur. La conscience ne proteste-t-elle pas contre l'hypothèse que le vrai n'est pas en même temps le beau et le bien? Dans tous les cas, l'esprit goûte une joie profonde, qui le dédommage de bien des doutes, à se sentir en communion avec la nature et à prendre en toute confiance ses lois pour guides vers les destinées inconnues que l'avenir lui réserve.

APPENDICE

Remarques explicatives et complémentaires sur l'origine de la mythologie et des mythes

I

LE RIG-VÉDA ET LA RELIGION INDO-EUROPÉENNE[1]

Bien qu'inaugurées en Europe depuis plus d'un siècle, en même temps que celles de l'ensemble de la littérature sanscrite, la connaissance et l'étude des recueils védiques, particulièrement en ce qui concerne le Rig-Véda le plus important de tous, n'ont pas encore abouti à une appréciation exacte et définitive des précieux documents qu'ils comportent. Je ne m'attarderai pas à en rechercher toutes les causes. La principale et la seule que je tienne à signaler en ce moment, à côté de celles qui dépendent de la langue et du style védiques,

[1]. Conférence faite en octobre 1899 à l'École d'Anthropologie de Paris.

résulte du crédit qu'on a trop libéralement accordé jusqu'ici en Occident à la tradition indigène ou brâhmanique appliquée aux recueils dont il s'agit. Cette tradition, représentée dans l'ordre pratique par la liturgie du sacrifice et, en matière spéculative, par la littérature des *Brâhmaṇas* et tous les ouvrages qui s'y rattachent au double point de vue de l'interprétation verbale (grammaire, lexicographie, etc.) et du rituel, témoigne pourtant d'une méthode aussi superficielle, aussi arbitraire et aussi peu scientifique que possible. Partout où elle se prête au contrôle, nous la prenons en faute, que dis-je! en flagrant délit d'inexactitude et de puérilité. Comment ne pas en tirer cette conséquence imposée par les règles les plus simples d'une saine critique, qu'il faut s'armer de défiance vis-à-vis de tout ce qu'elle prétend nous enseigner et n'accepter l'héritage de ses leçons que sous bénéfice d'inventaire?

M'inspirant de ces principes dans cette étude, j'écarterai résolument les données hindoues partout où elles me sembleront suspectes, c'est-à-dire presque toujours, pour ne m'en tenir qu'aux renseignements fournis de première main par les textes originaux et aux déductions qu'ils autorisent.

Les grandes lignes de ma méthode étant ainsi indiquées, j'aborde sans plus de préambule l'exposé rapide des principaux enseignements que nous pouvons puiser sur la religion de nos lointains ancêtres dans le livre qu'on a appelé la *Bible de l'Inde*, mais qui mérite encore mieux le titre de Bible des Indo-Européens.

Les hymnes védiques dont le Rig-Véda (le Véda des chants) contient la collection la plus ancienne, la plus volumineuse et la plus authentique, étant affectés par destination spéciale aux chants accompagnant la célébration du sacrifice, concernent exclusivement le sacrifice. Par là s'expliquent clairement leur seule raison d'être et le sens général des textes qui les constituent, alors que toute autre hypothèse entraîne avec elle des difficultés insolubles ou des contradictions qui en trahissent l'erreur.

Le sacrifice, c'est-à-dire l'allumage et l'entretien du feu sacré au moyen d'éléments inflammables, apparaît d'après ces hymnes comme l'unique cérémonie de la religion qui, dans l'Inde ancienne, a précédé le brâhmanisme, et à laquelle on est convenu de donner le nom de Religion védique. A côté de cela, le fait que le sacrifice, tel qu'il vient d'être défini, est un rite (et le seul rite) commun à toutes les branches de la race indo-européenne, conduit à identifier la religion de l'Inde védique à celle de la race entière, et à conclure que les hymnes dont le chant conditionnait particulièrement ce rite remontent, sinon sous leur forme actuelle, du moins quant à leur objet et aux idées qu'ils expriment, à l'époque même de la communauté ethnique des Indo-Européens au sein de la race encore indivise. C'est par là d'ailleurs que l'on se rendra compte des ressemblances frappantes des principales formules védiques avec de nombreux passages des ouvrages grecs dûs à l'inspiration religieuse, tels que les fragments orphiques, la Théogonie d'Hésiode et les hymnes attribués à Homère, qui peuvent être considérés comme des centons des poésies sacrées antérieures, analogues à celles du Rig-Véda.

L'antique religion de l'Inde et de la Grèce consistait dans le sacrifice; dans la Grèce comme dans l'Inde, le sacrifice était accompagné d'hymnes, perdus d'un côté, conservés de l'autre, mais dont tout indique la commune origine et l'identité initiale.

L'âge des hymnes, dont la plupart des exégètes védiques d'Europe font remonter la date dans l'Inde à douze ou quinze cents ans avant Jésus-Christ, est donc à certains égards beaucoup plus ancien. Probablement remis au point quant à la langue à différentes époques à partir du moment où ils sont devenus la chose de l'Inde, ces précieux documents n'en sont pas moins essentiellement indo-européens par le milieu où ils sont nés et l'inspiration qui les anime; et c'est par là qu'il est juste de dire que le Rig-Véda est la Bible de la race.

Ce livre ancestral, vénérable entre tous et *original* dans toute la force du terme, car il n'en suppose aucun autre qui le précède, est en même temps, il faut le reconnaître, le plus monotone des livres. Les chantres du sacrifice, fidèles à la logique de leurs fonctions, n'ont célébré que le sacrifice. Initiateurs de la tradition et par là de la littérature, ils ont ouvert cette voie par le seul côté dont le culte leur frayait l'accès. Ils observaient d'ailleurs plutôt qu'ils n'imaginaient, et la description de l'acte sacré constituait en le limitant l'horizon de leur pensée. Aussi les dix mille vers du Rig-Véda peuvent-ils être considérés comme autant de variantes d'une seule et même conception pittoresque et stimulatrice : « Le feu sacré, en dépit de tous obstacles, s'allume sur l'autel quand la libation nourricière lui est versée par les sacrificateurs. Offrons-la-lui ! » Le thème est pauvre sous la parure verbale des épithètes et des métaphores qui semblent l'enrichir, mais il suffit à son objet et les circonstances voisines expliquent l'étroitesse du cadre qui en limitait le développement.

L'indigence obligée de la pensée védique a eu pour conséquence non moins nécessaire l'opulence des formes qu'elle a revêtues aux mains des sacrificateurs-poètes qui n'ont vraisemblablement pas cessé, depuis les temps indo-européens jusqu'à l'aurore du brâhmanisme hindou, d'en retoucher les premières ébauches. Il fallait, ou se contenter de la formule *ne varietur* que comportait l'apologie descriptive pure et simple de l'acte sacré, ou bien en varier l'expression par les moyens propres à l'amplification littéraire, c'est-à-dire par la synonymie et la métaphore comparative dont s'inaugurait ainsi l'usage, et obtenir par là des tours nouveaux et des idées accessoires à l'aide desquels seulement le texte primitif pouvait diversifier son costume et élargir indéfiniment son domaine. Il appartenait aux prêtres védiques d'adopter cette dernière alternative ; c'est par là qu'ils devinrent poètes, dans la mesure du moins où l'on peut l'être quand le sentiment manque encore de moyens d'expression et que tout l'effort de l'artiste porte sur la création des formes qui le revêtiront un jour.

Les hymnes du Rig-Véda sont en vers, mais il y a lieu de croire qu'ici même, comme partout, la prose a nécessairement précédé le mètre, et qu'à la base des vers du Rig on doit admettre l'existence préalable de formules plus naturelles et plus simples à tous égards, qui ont été les matériaux des textes soumis ultérieurement aux règles artificielles de la poétique et de la rhétorique védiques. Cette hypothèse, que la logique impose, se justifie singulièrement en présence du nombre considérable de morceaux de rapport ou passe-partout que l'on rencontre dans la plupart des hymnes du Rig-Véda, et surtout dans ceux du neuvième livre exclusivement consacré au culte du Soma. Citons parmi les phrases d'usage particulièrement banal empruntées à ce livre : —

« Coule, libation pour la boisson de l'Ardent, » c'est-à-dire du feu sacré désigné par une épithète de nature. — « Le brillant (le feu brillant) hennit (crépite) comme un cheval, » — « Le doré (le feu de couleur d'or) engendre le soleil dans les eaux, » c'est-à-dire le feu du sacrifice se développe pareil au soleil dans les eaux de la libation. — « La libation (le soma) détruit les obstacles, » — c'est-à-dire rien ne la retient, elle est versée. — « La libation fait croître la mer qui parle, » — en s'enflammant, la libation liquide comparée à la mer se développe en crépitant, etc.

Ces formules se retrouvent çà et là sous une foule de rédactions analogues, et qui ne diffèrent les unes des autres que par de légers détails de style. Les comparaisons d'ailleurs auxquelles elles prêtent sont des plus intéressantes et nous livrent le secret de l'art védique sous sa forme la plus simple, c'est-à-dire consistant dans la substitution d'un synonyme à un autre. Un procédé moins primitif est celui qui résulte de la combinaison des formules entre elles par application littéraire de l'axiome que les mathématiciens expriment en disant que deux quantités égales à une troisième sont égales entre elles.

Un exemple en sera fourni par l'expression fréquente « la mer crépite » tirée par voie de raccourcissement de ces deux autres : « la libation est (comme) une mer, « la libation crépite en s'allumant », — et devant s'interpréter en conséquence.

Qu'il se soit agi d'un moyen instinctif de variété et d'amplification, ou de la recherche étudiée de formules bizarres et énigmatiques — quel qu'ait été, en un mot, le but raisonné ou non des poètes védiques, ils ont abouti par là aux obscurités et aux étrangetés du style des hymnes. Et ces défauts sont si choquants, pour qui ne se rend pas compte des causes dont ils résultent et du sens qu'ils recouvrent, qu'un indianiste contemporain a pu dire à ce propos : « Une portion considérable du Rig-Véda est une pure poésie machinale, d'origine artificielle, rapiéçage de lieux communs réunis par des combinaisons nouvelles, ou un remaniement de vieux thèmes, avec des allusions mystiques et inexplicables, des concetti tirés par les cheveux et une phraséologie pénible qu'il est impossible de traduire en produisant un sens suivi, parce que cet élément y faisait défaut dès le commencement[1]. » — Les passages visés par l'auteur sont en effet doublement obscurs si l'on songe qu'aux métaphores déjà énigmatiques qui appellent les libations « la mer » et le feu du sacrifice « le soleil », s'est ajouté le nouveau voile des combinaisons à termes équivalents substitués, sur le type de « la mer parle », pour dire que la libation inflammable s'allume en crépitant. Seulement, n'allons pas jusqu'à croire avec Whitney que, dès le principe, le sens faisait défaut à ces formules : on prouve par là qu'on ne les a pas comprises, mais nullement qu'elles sont *insignifiantes* ou incompréhensibles. Je reconnais tout le premier qu'il y a des énigmes védiques, mais je me refuse énergiquement à admettre que le mot en soit illusoire et que toute tentative pour les expliquer doive rester essentiel-

1. Whitney, *Revue de l'histoire des religions*, VI, 138.

lement vaine. Loin de là, l'explication qui vient d'en être fournie explique en même temps l'étrange déviation que subit la religion indo-européenne en passant du réalisme, utilitaire à l'origine, du culte du feu aux illusions fantastiques et confuses de la mythologie qui lui succéda. Qu'il s'agisse bien d'ailleurs d'une succession, on en aura la preuve en constatant qu'il suffit de faire abstraction des métaphores des hymnes et de les ramener au sens propre qu'elles recouvrent, pour que du même coup s'évanouisse avec elle toute la mythologie védique. Grâce à ce procédé régressif et rectificatif, toutes les personnalités divines, — Indra ou l'ardent, Varuna ou l'enveloppeur, Dyaus ou le ciel, Ušas ou l'aurore, — en un mot l'ensemble des dieux ou des Célestes, — perdent leur individualité mystique et imaginaire pour ne laisser place qu'au feu réel, tangible, impersonnel, célébré sous le nom d'Agni. Pareillement, s'éclipsent devant le soma ou l'élément liquide et inflammable du sacrifice, Pûšan le nourricier, Mitra l'ami (du feu), Sarasvatî la liquoreuse, et toutes les autres figures métaphoriques et mythiques du breuvage sacré. L'évocation divine disparue, il ne reste comme théorie et pratique du culte que le rite de l'oblation liquide enflammée (*agnihotra*) dont voici le moment de chercher la raison d'être.

Elle apparaît d'elle-même, en se représentant le sacrifice à l'origine comme l'entretien au sein de chaque famille d'une lampe destinée à assurer la perpétuité du feu domestique, si difficile autrement à rallumer une fois éteint, et si continuellement indispensable au point de vue des usages journaliers surtout dans les ténèbres nocturnes et pendant la saison d'hiver. La nécessité établit la coutume, et l'habitude fit oublier la nécessité. D'intentionnel qu'il était d'abord, l'entretien du feu devint purement traditionnel; il passa ainsi à l'état de culte né de lui-même et continué pour lui-même, — de culte par et pour le culte, et comparable à tant d'autres usages d'autant plus enracinés et respectés que l'origine en est plus obscure et la signification plus perdue de vue.

Sous cette forme désintéressée et pour ainsi dire abstraite, le sacrifice ou l'offrande au feu perpétuel, s'est continué jusque chez les Romains de la République et des Césars par l'institution des Vestales dont le feu toujours allumé et sans autre objet que son propre entretien, est une pure survivance de l'*agnihotra* primitif. Et, mieux encore peut-être, le feu sacré qu'entretiennent les Parsis modernes d'une façon constante et avec le soin le plus pieux, est l'héritage direct du vieux rite indo-européen.

Tel qu'il vient d'être décrit, il manquait au culte du feu un élément essentiel pour en faire une religion au sens que nous attachons à ce mot. Le mysticisme, — à moins qu'on en veuille voir la trace fugitive dans le sentiment inconscient qui faisait vivre la coutume et animait le rite, — en était absent. Dans tous les cas, c'est d'une manière bien différente, nous le savons déjà, et sous les espèces de la mythologie, que le mysticisme entra en communion avec le rite. Un oubli d'ordre pratique avait engendré le culte sous sa première forme ; un oubli d'ordre spéculatif, et en quelque sorte littéraire, acheva de le métamorphoser en religion proprement dite. Rappelons en deux mots que la *lettre* des hymnes du sacrifice était d'un style métaphorique et énigmatique qui en recouvrait l'*esprit*. A celui-ci, et tout naturellement, se substitua celle-là; et si l'on songe que les textes sacrés portaient avec eux toute la tradition indo-européenne et sa fortune, on se rendra facilement compte des conséquences de cette substitution. Elles furent considérables et décisives : non seulement elles instituèrent par l'intermédiaire de la métaphore la mythologie avec toutes ses apothéoses et toutes ses croyances, mais elles rendirent un sens précis au sacrifice en personnifiant les flammes sacrées sous la figure des dieux auxquels l'oblation était destinée et qui savaient en récompenser les dispensateurs.

En réalité, le mouvement des idées fut déterminé par les différentes conditions qui présidèrent à l'intelligence des textes, et le meilleur moyen de montrer comment il s'est produit et à quoi il a abouti est de mettre en parallèle les différentes interprétations qu'ils comportent, selon la lettre ou l'esprit. C'est ce que nous allons faire pour quelques formules choisies parmi les plus caractéristiques :

SENS RÉEL ET PRIMITIF	SENS MÉTAPHORIQUE	SENS MYTHIQUE
Le feu s'est dégagé de ses liens ou s'est allumé.	L'ardent a détruit l'enveloppeur.	Le dieu Indra a tué le (serpent) Vritra.

Le feu s'est alimenté par l'oblation.	L'ardent a bu la liqueur.	Indra s'est enivré de soma.
Le feu aspire l'oblation liquide au moyen de sa flamme.	L'ardent fait jaillir l'eau du rocher en le fendant de son arme.	Indra brise la montagne à l'aide du foudre.
Les flammes, pareilles à des veaux, se nourrissent du lait de la vache-oblation.	Les brillants tètent le lait des vaches.	Les dieux-enfants ont pour nourrices des vaches, des chèvres, etc.
Au contact de l'oblation liquide, les flammes crépitent en l'allumant.	Les brillantes chantent en se purifiant dans les sources qui les embellissent.	Les déesses chantent au bord des eaux d'où elles tirent leur éclat.

La transposition du sens des formules sacrées n'eut pas seulement pour effet de remplacer par une religion idéale le réalisme du culte antérieur : les rites en ressentirent également l'influence. La fiction, par exemple, des dieux-flammes nourris par les vaches-libations entraîna parallèlement la substitution dans les rites des victimes animales, surtout des laitières, génisses, brebis, chèvres, etc., aux liquides inflammables d'autrefois dont ces victimes étaient devenues les symboles. Ce changement était favorisé d'ailleurs par la conception nouvelle du sacrifice rémunéré, et par l'anthropomorphisme qui présidait tacitement à l'idée que les hommes se faisaient des dieux créés par leur imagination et taillés à leur image. Aux uns et aux autres la chair des animaux domestiques était délicieuse, et plus on la goûtait des deux côtés, plus ceux-là étaient en droit de compter sur elle pour obtenir de ceux-ci une récompense en rapport avec l'excellence de leurs dons.

Bien que ce soient surtout les hymnes du Rig-Véda qui nous suggèrent ces hypothèses et qui nous fournissent les preuves de leur vérité, il n'est pas douteux que les circonstances qui les regardent ne remontent jusqu'à l'époque de l'unité indo-européenne. C'est ce qui ressort en toute évidence de l'étroite parenté de la plupart des mythes grecs avec ceux de l'Inde védique et brâhmanique. Comment, en effet, s'expliqueraient ces ressemblances s'il ne s'agissait pas d'une origine commune dans un centre ethnique indivis et qu'atteste tout particulièrement le parallélisme des fictions suivantes? — Conception générale des dieux (les dévas et les θεοί) — immortels (amritas-ἄμβροτοι) —

qui se nourrissent d'ambroisie, — qui habitent le ciel (dyuksas-οὐράνιοι), — qui ont aux mains des armes brûlantes et brillantes (le vajra, l'égide, le foudre, etc.). — Le dieu du ciel Dyauspitar, Ζεὺς πάτηρ, Jupiter. — Les dévas et les θεοί, en particulier Krišṇa et Apollon, élevés par des bergers et au milieu des vaches et des bergères. — L'étable des vaches forcée par Indra, Hercule, etc. — Indra tueur du serpent, Apollon vainqueur du serpent Python, Hercule de l'hydre de Lerne, etc. — Les cavaliers ou les Açvins et les Dioscures. — Sarasvatî, déesse des eaux et de l'éloquence auprès des Muses, des Nymphes, des Sirènes. — Le mythe du mauvais père, ou du mauvais oncle, et de l'enfant exposé ou relégué : Kamsa et Krišṇa, Kronos et Zeus, Laius et Œdipe, Acrisius et Persée, etc. — L'enlèvement de Sîtâ et celui d'Hélène. — La prise de Laṅkâ et celle de Troie. — Les exploits d'Indra et les travaux d'Hercule. — Tvaṣṭar, l'artisan qui fabrique les chars et les armes des dévas, et Héphaistos qui joue le même rôle dans la mythologie grecque. — Isas ou les libations personnifiées et Hébé (la Vigueur) qui versent à boire aux dieux. — La mer, dans l'Inde, Thétis chez les Grecs, procréatrice des dieux. — Le déluge et Manoû, père des hommes, qui repeuple la terre, anprès du mythe hellénique de Deucalion et de Pyrrha, etc., etc.

Il importe de constater que tout ce relief et toute cette extension de la mythologie, ainsi que tout le développement coordonné de l'idée d'échange de bons offices entre les dieux et les hommes, dès les hautes époques, n'en fut pas moins une œuvre essentiellement sacerdotale, plutôt que populaire et vulgaire. La tradition constituée et continuée par les chants sacrés et les spéculations qui en modifièrent l'esprit, — spéculations dont les *Brâhmaṇas* de l'Inde nous ont transmis les procédés, — supposent l'existence et l'organisation régulière d'une caste dont le maniement et le gouvernement des choses sacrées constituaient la fonction. C'est le prêtre-exégète des hymnes, en même temps que sacrificateur, qui, pris sans s'en douter dans les filets de son interprétation enfantine et superficielle, inventa la mythologie et par là même la religion de formation secondaire qui se substitua insensiblement, et à l'insu même de ses auteurs, au culte d'abord général et tout familial dont elle avait été précédée. Le caractère peu populaire et ésotérique, au moins dans une certaine mesure, de la religion indo-européenne sous sa forme mythique ressort d'ailleurs du fait qu'aux mains du peuple elle s'altéra considérablement. Dans les couches inférieures de la société, la littérature des hymnes et des Bráhmanas finit par être remplacée par les contes de fées, et les pratiques de la sorcellerie, avec leur grossier mysticisme, tinrent lieu de la noblesse et de l'élévation relatives des rites du sacrifice.

Suivant une marche diamétralement opposée, les esprits d'élite se dégagèrent petit à petit de l'erreur mythologique en préférant les enseignements de l'expérience à ceux de la tradition. Ainsi naquirent la philosophie et la science; c'est un domaine tout différent de celui dont l'histoire vient d'être esquissée. Il serait intéressant sans doute d'en montrer les rapports, mais pour aujourd'hui je terminerai en retraçant de la manière suivante les grandes étapes de la civilisation sur la voie où l'a conduite, de la manière que nous venons de voir, la race indo-européenne.

1° Religion naturelle. Institution du sacrifice ou du culte utilitaire d'abord, puis de pur usage traditionnel, du feu domestique. L'existence de ce culte dans toutes les civilisations primitives de l'antiquité milite en faveur de l'hypothèse d'une origine commune.

2° Religion sacerdotale et mythologique succédant chez les Indo-Européens, sous l'influence des chants sacrés mal interprétés, aux formes religieuses de l'époque antérieure.

3° Lutte de l'expérience et de l'observation contre l'erreur mythologique et substitution graduelle des données de la science à celles de la tradition d'origine mythique.

Constatons en guise de conclusion que cette lutte n'est pas achevée et que les résultats s'en confondent avec les progrès mêmes de la civilisation dont la science est la promotrice et l'instrument[1].

1. Pour plus de développements, voir mon livre intitulé : *Les premières Formes de la religion et de la tradition dans l'Inde et la Grèce*, E. Leroux, éditeur, Paris, 1894.

II

LES CONDITIONS D'ÉCLOSION DES MYTHES DIVINS

Si l'abstrait consiste (pour partie) dans les êtres dits de raison qui échappent à nos sens, il faut que les métaphysiciens en prennent leur parti : l'esprit humain est incapable de l'imaginer spontanément. On le voit surtout en se rappelant les conditions logiques du langage dans leur rapport avec l'entendement et, entre autres, les règles suivantes :

1° Toute dénomination est fondée sur un attribut sensible de la chose dénommée : le soleil = étymologiquement le brillant. 2° En matière dénominative, tout sens abstrait n'est que le substitut ou l'héritier d'un sens concret antérieur.

Or, ces règles admises, et la plupart des linguistes les admettent, est-il permis de croire qu'une idée abstraite a pu précéder le mot, concret d'abord, qui a servi ultérieurement à sa désignation ? Autrement dit, l'esprit peut-il concevoir, abstraction faite de toute dénomination, un objet qui ne tombe ni directement ni indirectement sous les sens ? Poser la question, c'est la résoudre. Si l'idée d'une chose perceptible peut être indépendante du nom qui s'y rattache, si par exemple la vue du soleil suffit à fournir l'idée du soleil, il est évident qu'il ne saurait en être de même en matière abstraite, et que là où l'intelligible fait défaut l'intelligence perd ses moyens d'action[1].

Le nom du dieu mythique (deva) de la religion indo-européenne se range avec les mots concrets d'abord, abstraits ensuite, dont il vient d'être question. Avant de s'appliquer à un être invisible, inaudible, intangible, — imperceptible, en un mot, — ce nom désignait, à titre

---

1. Il est bon de faire remarquer que l'idée d'un cercle parfait n'est pas un mythe, en égard à nos moyens superficiels d'observation. Ce n'est qu'à l'aide de verres grossissants que nous pouvons nous rendre compte qu'une figure de ce genre, tracée au compas sur une feuille de papier, ne répond pas exactement à sa définition. Il y a donc à distinguer entre le mythe purement illusoire (déva anthropomorphe) et l'objet réel d'une détermination approximative, — à savoir entre ce qui n'est pas pour nos sens et ce qui est autre que nous le percevons.

de brillant ou de céleste, un objet à portée des sens, le soleil selon les uns, le feu du sacrifice d'après moi, l'un et l'autre réunis, si l'on en croit Bergaigne, mais dans tous les cas quelque chose d'éminemment concret. Les conditions, d'ailleurs, du passage à l'abstrait du déva-soleil ou feu sacré se laissent facilement entrevoir. Elles apparaissent surtout en comparant entre elles à ce point de vue les deux figures prinpales de la religion védique : Agni (le feu) et Indra (l'ardent, autre désignation de ce même feu); l'un et l'autre dévas, mais le premier resté concret, parce que l'évidence significative de son nom ne laissait aucune prise sur lui à l'équivoque, tandis que le second, dont le sens étymologique pouvait facilement s'oublier, se prêtait par là même aux déviations significatives les plus propres à favoriser le mythe.

Le mythe n'est en effet autre chose (étant donnée une équivoque, ou l'alternative entre le sens propre d'un mot et son sens métaphorique ou comparatif) que le résultat de l'abandon de celui-là au profit de celui-ci. Exemple : Indra primitivement et essentiellement l'Ardent ou l'*alter ego* d'Agni (le feu);

puis Indra comparé à un héros et conçu désormais comme tel. Qui ne voit que cette substitution a pour effet d'employer le mot à l'évocation d'une fiction, d'imaginer à son aide une fausse image, de recouvrir d'un voile verbal un objet illusoire, bref de dénommer une abstraction ou de créer un mythe, ce qui est une seule et même chose? Le nom d'Indra, est-il besoin de le dire? n'est pas le seul à nous fournir un exemple de cette fallacieuse amphibologie; il en est de même de celui de tout déva anthropomorphe, zoomorphe, etc., alors qu'au contraire, Agni, par exemple, planant au-dessus de l'équivoque et de la déformation mythologique, échappe aux pièges du *numen* et reste (avec les Eaux, le Vent, etc.), un pur *nomen*, c'est-à-dire le prototype de l'être adorable et suprême de la théologie future.

Les dieux mythiques sont donc des dieux abstraits, c'est-à-dire dont le nom est dépourvu de substratum réel, — la constatation vaut la peine d'être répétée; et c'est comme tels que, sous le costume mythique, masquant le vide de leur être, ils ont passé des fictions de la Fable aux spéculations de la théologie qu'amorçait la Fable même, inventrice de l'abstraction.

Une scission profonde s'introduisit alors dans la notion du concept divin. L'observation et le raisonnement, aux prises avec l'idolâtrie mythique, eurent pour conséquence fatale de substituer un idéal religieux de plus en plus rationnel aux images de plus en plus fictives des dévas de la mythologie. Rien ne saurait mieux le montrer que la comparaison du θεός de Socrate et des plus éclairés de ses contemporains avec les Ζεύς d'Homère. Le contraste est frappant et s'accuse davantage encore si l'on met en regard du Dieu, seul de son espèce, dépouillé de tout caractère anthropomorphe, éminemment serein, constant et immuable, omniprésent, omnipotent et omniscient, la légion céleste du panthéon hellénique dont les membres, en leur séjour sur l'Olympe, sont livrés à toutes les passions humaines et, comme les pauvres humains, soumis à la Fatalité avec les conséquences souvent fâcheuses et toujours aléatoires que ce double servage comporte.

Est-il besoin d'ajouter que l'idée d'un dieu rationnel était une idée essentiellement progressive et solidaire des progrès de la raison même, c'est-à-dire d'une expérience de plus en plus étendue et des spéculations de plus en plus approfondies qu'elle devait suggérer? C'est ainsi que la divinité conçue par Descartes et Leibnitz est de nature à satisfaire encore mieux l'esprit des déistes que celle à laquelle Socrate et Xénophon attachaient l'idée de providence.

Il ne faut pas se dissimuler d'ailleurs que la théorie théologique n'est pas complètement scientifique. Elle reste en effet attachée à l'élaboration mythique par un lien important qui est la tradition verbale ou le nom, et tout ce que cette circonstance comporte, particulièrement l'abstraction. Séparez l'abstraction de l'idée du dieu, tout s'écroule en mythologie, puisque Indra redevient l'ardent (Agni) ou le feu sacré. De même, tout s'écroulera en théologie, si Dieu d'abstrait devient concret et cesse par là d'être pur esprit avec toutes les conséquences qui en découlent¹.

---

1. Ceci indique la possibilité, la nécessité même, d'une troisième méthode d'investigation métaphysique indépendante de la mythologie et de la théologie d'origine mythique, et qui se confond avec l'ensemble des progrès de la

Tout ce qui vient d'être dit peut se résumer dans les termes suivants : point de mythologie sans idolâtrie ni personnification fictive ou A VIDE de l'objet primitif du culte, à savoir le feu sacré ; point de théologie sans le point de départ ABSTRAIT que lui fournit ainsi la mythologie.

Ne terminons pas sans répondre à l'objection tirée de la prétendue spontanéité des fictions mythiques et du sentiment religieux chez les sauvages. La question nécessite une enquête scientifique qui n'a pas encore été abordée, que nous sachions, dans les termes qu'elle réclame. Tout se ramène ici au point de savoir quelle est, dans les langues des non-civilisés, la valeur concrète des mots *originaux* qui s'appliquent actuellement aux idées abstraites de dieu, d'esprit, d'âme, etc. Tant qu'on ne sera pas fixé à cet égard, on ne peut que faire des conjectures gratuites et supposer, ou bien que leurs idées à cet égard sont toutes d'emprunt, ou bien que l'évolution a été la même pour eux que chez les races civilisées et particulièrement

science aiguillée vers la notion du suprême ou de l'absolu. Mais c'est une perspective que nous ne saurions qu'indiquer ici.

chez les Indo-Européens. Quant aux cas sporadiques de mythogénie spontanée qu'on donne comme observés soit chez les enfants en général, soit chez les sauvages adultes, il y a lieu, avant d'en tirer une conclusion quelconque, d'étudier dans quelles conditions mentales, logiques et surtout grammaticales ou linguistiques, ils se produisent, et si, contre toute vraisemblance, ils sont susceptibles de durée et de généralisation sous forme ethnique et traditionnelle. Jusque-là, le mieux est de s'abstenir de toute conclusion prématurée.

TABLE DES MATIÈRES

Préface v

PREMIÈRE PARTIE

Chapitre unique. — Valeur étymologique et logique des principales catégories dénominatives et des idées générales les plus importantes. 1

DEUXIÈME PARTIE

Chapitre Premier. — Note sur les rapports de la logique et du langage.................... 41

Chapitre II. — Observations critiques sur les théories Kantiennes du temps et de l'espace... 58

Chapitre III. — Notes sur l'ouvrage de M. de Freycinet, intitulé : De l'Expérience en géométrie... 69

Appendice. — Remarques explicatives et complémentaires sur l'origine de la mythologie et des mythes................................... 91

Documents manquants (pages, cahiers...)
NF Z 43-120-13

www.ingramcontent.com/pod-product-compliance
Lightning Source LLC
Chambersburg PA
CBHW060156100426
42744CB00007B/1056